W0083422

Die Kinderstube der Vögel

Dr. Michael Lohmann

Nester, Eier und Jungvögel erkennen und bestimmen

blv

Teichhuhn füttert Küken.

DIE KINDERSTUBE DER VÖGEL

Wir Menschen neigen ja dazu, uns zum Maßstab aller übrigen Lebewesen zu machen, um dann entzückt festzustellen, dass wir etwas ganz Besonders sind. Die genaue Beobachtung aber lehrt, dass viele, wenn nicht alle jener Eigenschaften, die wir gerne als unser Privileg betrachten, zumindest ansatzweise sogar schon bei solchen Tieren auftreten, die uns verwandtschaftlich nicht einmal nahe stehen. In der Brutpflege vieler Tierarten finden wir Vorstufen dessen, was wir als Liebe und Verantwortung beim Menschen hoch bewerten.

Konrad Lorenz, der sein ganzes Leben dem Verhalten von Vögeln und Fischen widmete, hat immer wieder darauf hingewiesen, dass der Grad unserer gefühlsmäßigen Beziehung zu Tieren ein recht zuverlässiger Maßstab dafür ist, auf welcher Entwicklungsstufe eine Tierart steht. Mit anderen Worten: Je mehr wir uns in ein Tier hinein versetzen, sein Verhalten spontan nachvollziehen, seine Freuden und Leiden intuitiv mitempfinden können, desto höher entwickelt wird es sein.

Nun ist aber die Entscheidung, was man unter einem hoch entwickelten Tier zu verstehen hat,

nicht so einfach, da ja die Evolution keineswegs »schnurgerade« von den Einzellern zum Menschen verläuft. Vielmehr besteht der Stammbaum der Tiere aus vielen Seitenzweigen, deren Spitzen es ebenfalls zu bedeutender Komplexität in Körperbau und Verhalten gebracht haben. Brutpflege gehört zweifellos zu den komplexen Verhaltensweisen, die auf eine hohe Entwicklung hinweisen. Primitive Tiere vermehren sich ähnlich wie Pflanzen: Sie überlassen große Mengen von mit einem Nährstoffvorrat ausgerüsteten, befruchteten Eiern (beziehungsweise Embryonen) ihrem unsicheren Schicksal.

Brutfürsorge finden wir nicht nur bei den Wirbeltieren (inklusive entwicklungsgeschichtlich älterer Klassen), sondern auch schon bei den Wirbellosen, vor allem bei staatenbildenden Insekten. Und selbst höhere Formen der Brutpflege, etwa in Verbindung mit Partnerschaft und elterlicher Arbeitsteilung, beschränken sich nicht nur auf unsere nähere Verwandtschaft, die Klasse der Säugetiere, sondern finden sich schon bei Fischen. Hier sind es aber Ausnahmen von der immer noch weit verbreiteten Regel, den massenhaften Nachwuchs sich selbst zu überlassen. Das gilt im Wesentlichen auch für die beiden nächst höheren Wirbeltierklassen, die Amphibien und Reptilien. Erst bei den Vögeln wird Brutpflege von der Ausnahme zur Regel, oft verbunden mit

Zu den ungewöhnlicheren Bauten gehört bei uns das aufgehängte Nest des Pirols.

Schon bei einigen Fischen findet man Brutfürsorge – hier beim Purpur-Prachtbarsch.

partnerschaftlicher Arbeitsteilung und anderen komplexen Verhaltensweisen, wie wir sie sonst nur von Säugetieren kennen.

Dieser gewaltige Sprung hinsichtlich der Beziehungen zwischen Eltern und ihren Kindern beim Übergang von den Reptilien zu den Vögeln hängt ganz offensichtlich mit dem Erwerb der Warmblütigkeit zusammen. Denn was die »Mechanismen« der Fortpflanzung anbelangt, so unterscheiden sie sich bei den Vögeln nicht wesentlich von denen der primitiveren eierlegenden Wirbeltiere und von denen der Wirbellosen. Der nächste Sprung zu einer ganz neuen Organisation der Embryonalentwicklung und Eltern-Kind-Beziehung findet sich erst beim Übergang zu den Säugetieren, bei denen die Jungen in einer Gebärmutter (Plazenta) heranwachsen und nach der Geburt durch Milchdrüsen von der Mutter direkt ernährt werden. Doch woher kommt es, dass die höchsten Formen der Brutpflege nur in den beiden warmblütigen Klassen, bei den Vögeln und den Säugetieren, auftreten? Mit der Fähigkeit, durch getrennten Blutkreislauf und andere organische und funktionelle Errungenschaften die Körpertemperatur von der Außentemperatur weitgehend unabhängig und konstant zu halten, hängt ursächlich auch eine Höherentwicklung und Differenzierung des Zentralnervensystems, insbesondere des Gehirns zusammen. Man könnte

dies mit vielen technischen und kulturellen Entwicklungen vergleichen, die auch erst möglich wurden, als es den Menschen gelang, klimatisierte Räume zu schaffen. Die Herstellung elektronischer Chips im Wald oder auf der Wiese ist schwerlich vorstellbar. Ebenso scheint die Ausbildung bestimmter geistig-seelischer Fähigkeiten und Qualitäten von der Komplexität eines in »klimatisierten Räumen« heranwachsenden und funktionierenden Nervensystem abzuhängen. Darum erstaunt es nur auf den ersten Blick, dass wir in einer seit Jahrmillionen von unserer Entwicklung abgekoppelten Tierklasse, bei den Vögeln, Verhaltensweisen entdecken, die uns sehr vertraut sind: »handwerkliche« Geschicklichkeit, hohe Lernfähigkeit, dauerhafte Partnerschaften (»Ehen«), kunstvolle Gesänge und nicht zuletzt eine intensive Eltern-Kind-Beziehung, die man in vielen Fällen geneigt ist, als »innig« zu bezeichnen.

Baum-, Boden- und Höhlenbrüter

Vogelnester, diese oft so kunstvollen Bauwerke, werden häufig als die »Wohnungen der Vögel« bezeichnet. Manche Menschen glauben, Vogelmutter und Vogelvater kuscheln sich nachts in ihr hübsches weiches Nest. Als Folge dieser Kuschelei kommen dann die Eier und später die lieben

Kleinen, und dann kuschelt die ganze Familie. Nein, so häuslich geht es keineswegs zu. Das Nest ist ein reiner Zweckbau mit der zeitlich beschränkten Funktion des Brütens und der Jungenaufzucht. Erwachsene Vögel suchen ihre Nester in der Regel nur zu diesem Zweck und daher nur zur Brutzeit auf: zum Bebrüten der Eier sowie zum Hudern (Warmhalten) und Füttern der Jungen. Allenfalls Bruthöhlen werden gelegentlich (z.B. in kalten Winternächten) von erwachsenen Vögeln zum Schlafen aufgesucht.

Umso erstaunlicher ist die Vielfalt dieser Zweckbauten und oft ihre Schönheit und »handwerkliche« Meisterschaft. Die ganz allgemein ja immer wieder verblüffende Vielfältigkeit der Natur drückt sich eben auch in Standort, Baumaterial und Form der Vogelnester aus. Jede Art, so scheint, legt großen Wert auf einen eigenen Baustil, obwohl man doch meinen möchte, die Grundfunktion eines Nestes, nämlich für einige Wochen Eiern und Jungen Schutz vor Witterung und Feinden zu bieten, ließe keine großen Variationsmöglichkeiten zu, mache besondere Kunstwerke überflüssig. Weit gefehlt. Die meisten Vogelnester sind so »individuell« (was in diesem Fall artspezifisch heißen soll), dass man an ihrem Standort und ihrer Bauweise allein schon oft ablesen kann, welcher Vogelart das Nest als Kinderwiege dient oder gedient

Bodenbrütende Nesthocker sind besonders gefährdet und brauchen ein gutes Tarnkleid (hier junge Feldlerchen).

hat. Und das, obwohl es auch wirklich individuelle Unterschiede gibt. Die hängen allerdings weniger von der Eigenwilligkeit des einzelnen Vogels ab als von den unterschiedlichen Standortbedingungen oder auch vom verfügbaren Nistmaterial.

Auch wenn nahezu alle Arten durchaus typische Neststandorte bevorzugen, so gilt dies doch nur im Allgemeinen. Etwa dergestalt, dass ein typischer Bodenbrüter wie der Kiebitz nie ein Nest im Geäst eines Baumes oder Busches oder, wie der Hauben-taucher, auf dem Wasser errichten würde. (Abgesehen davon, dass der Kiebitz, wie viele Bodenbrüter, überhaupt kein wirkliches Nest baut, sondern nur eine Mulde in lockeren Boden dreht und sie dann wie spielerisch allenfalls mit einigen Halmen und Steinchen der Umgebung verziert.) In der vielfältigen Natur gibt es keine Regel ohne Ausnahme. Selbst in unserer relativ artenarmen Vogelwelt gibt es Arten, die sich nicht einmal an so grobe Regeln wie die von den Baum- und Bodenbrütern halten.

So brüten etwa Kormorane an der Küste bevorzugt in Felswänden und Klippen (sind also Bodenbrüter), während sie im Binnenland ihre stattlichen Horste ausschließlich auf Bäumen errichten. Umgekehrt macht es der Graureiher, er baut seinen Horst gewöhnlich hoch in den Bäumen, lässt sich gelegentlich aber auch dazu herab, wie viele andere Reiher, in Schilffeldern am oder sehr nahe dem Boden zu brüten.

Neben Bodenbrütern und Baumbrütern (allgemeiner spricht man besser von Freibrütern, da ja

Nesthocker (wie diese Gelbspötter) kommen ganz unterentwickelt zur Welt und brauchen Schutz und Fürsorge.

Nester auch in Büschen oder zwischen Röhricht befestigt werden) kann man als dritte große Standortgruppe noch die Höhlenbrüter nennen. Da gibt es dann die Nischen- oder Halbhöhlenbrüter und solche, die eine möglichst rundum geschlossene Höhle mit nur kleinem Eingang bevorzugen. Auch hier halten sich manche Arten nicht immer an die Regeln, sodass man etwa das unordentliche Nest des Haussperlings nicht nur in Nischen und Höhlen sondern manchmal auch im Geäst eines Baumes oder Busches finden kann. Bei Rotkehlchen und Zaunkönigen lässt sich überhaupt schwer sagen, ob man sie zu den Höhlen- oder zu den Freibrütern rechnen soll. Dafür sind

ihre Neststandorte fast immer bodennah.

Schwierig wird es, aus dem Standort eines Nestes auf seinen Besitzer zu schließen, wenn Erbauer und Benutzer zu verschiedenen Arten gehören. So brüten etwa Turmfalken und Waldohreulen bei uns häufig in alten Krähennestern hoch in Bäumen; da sie in felsigeren Regionen (oder im Fall des Turmfalken in hohen Gebäuden) am liebsten in den Nischen steiler Wände brüten, haben sie es nie für nötig befunden, die Kunst des Nestbaus zu erlernen. Noch größer ist die Zahl der Untermieter bei den Spechten. Ihre kunstvoll gezimmerten Höhlen werden von Hohltauben und Dohlen, von anderen Spechten

und kleinen Eulen, von Kleibern, Meisen und vielen anderen Kleinvögeln benutzt.

Ein ganz verwirrender Fall hat hierzulande gottlob Seltenheitswert: Wer in einem typischen Singdrosselnest – leicht erkennbar an der mit Lehm und Mulm glatt ausgestrichenen Mulde – Eier findet, die auf bräunlichem Grund dunkel gefleckt sind, wird ohne profunde Kenntnisse der verschiedenen Eiformen und -farben kaum auf den Gedanken kommen, dass dieses Gelege nicht einer Drossel sondern einem Watvogel gehören könnte. Denn Watvögel, so weiß schon der Neuling der Vogelkunde, gehören zu den Bodenbrütern – bis auf die unvermeidbare Ausnahme von der Regel, die in diesem Fall Waldwasserläufer heißt.

Nestformen und Nistmaterial

Die Bauweise der Vogelnester, ihre Form und das Material, aus dem sie bestehen, hängt zwar einerseits von den vielfältigen Standorten und den dort verfügbaren Baumaterialien ab, lässt im Übrigen aber durchaus ein für jede Art mehr oder weniger typisches Muster erkennen. Ganz allgemein muss das Nest zwei Aufgaben dienen, dem Bebrüten der Eier und der Aufzucht der Jungen. Da es aber, wie wir in der Schule lernten, neben den so genannten Nesthockern, die tatsächlich längere Zeit auf ein schützendes Nest als Kinderstube angewiesen sind, auch Nestflüchter von der Art der Hühner- und Entenküken gibt, hören hier schon die Gemeinsamkeiten auf. Vielen Vogelarten mit nestflüchtenden Jungen genügt als »Nest« eine kleine Mulde, die nur eben verhindert, dass die Eier wegrollen. Derlei findet man, wie ich schon zeigte, beim Kiebitz und bei den meisten anderen Watvögeln, zu denen Austernfischer, Regenpfeifer, Schnepfen, Brachvögel, Strand- und Wasserläufer gehören. Auch die am Boden brütenden Seeschwalben begnügen sich mit einer vorgefundenen oder selbst in den lockeren Boden (Sand) gedrehten und gescharrten Nestmulde.

Umso erstaunlicher sind die ziemlich umfangreichen und

Im Gegensatz zu vielen anderen Bodenbrütern polstern Enten und Gänse (hier Eiderente) ihr Nest mollig warm mit eigenen Daunen aus.

luxuriös mit Daunen ausgelegten Bodennester der meisten Enten und Gänse – sprichwörtlich bekannt von der Eiderente. Zwei Gründe könnten eine Erklärung dafür bieten (da die Natur selten etwas ohne Sinn und Zweck bestehen lässt): Viele dieser Enten und Gänse mit den kuscheligen Eierwiegen brüten auch oder vor allem im hohen

Norden, wo die Vögel ohne diesen Schutz das Gelege nicht einmal für kurze Zeit verlassen könnten, um Nahrung aufzunehmen oder Kot abzugeben. Allerdings müsste das dann auch für viele Watvögel gelten, die ebenfalls zu einem großen Teil in den kalten Tundren jenseits des Polarkreises brüten. Vielleicht ist darum der zweite Grund eine bessere Erklärung (auf einen möglichen dritten komme ich noch im Zusammenhang mit dem so genannten »Brutfleck« zu sprechen): Auch die Zahl der Eier, die Gelegegröße, könnte erklären, warum die Nester mancher Bodenbrüter so aufwendig mit Nistmaterial ausgestattet werden. Wat- und Möwenvögel, legen selten mehr als 4 Eier, und die kann der brütende Vogel noch gut mit Brust und Bauch bedecken und wärmen. Enten, Gänse und Schwäne dagegen haben meist große Gelege von 10 und mehr Eiern. Da wird es

Erstaunlich, wie Regenpfeifer und andere Bodenbrüter ihr Gelege (etwas links der Bildmitte) in der Umgebung verstecken können.

schwierig, jedes Ei in ständigem Kontakt mit dem wärmenden Körper zu halten, weshalb eine isolierende Schicht aus Pflanzenmaterial und Daunen sehr nützlich ist.

All die verschiedenen Nestformen lassen sich aber keineswegs immer nur funktional erklären. Warum beispielsweise bauen Kohlmeisen in den gut geschützten Höhlen, in denen sie gewöhnlich brüten, ein so mollig warmes Nest aus Moos und Schafwolle, während der mit ihnen nah verwandte Kleiber sich mit einer kühlen Schicht aus Kieferrindenstückchen begnügt? Da auch andere typische Höhlenbrüter, wie Spechte, Eulen, Hohltauben, Segler, Eisvögel, Bienenfresser (Spinte), Racken usw., kein oder wenig Nistmaterial eintragen, all die genannten Arten aber zu den Nicht-Singvögeln gehören, muss man annehmen, dass sich in der Art des Nestbaus auch alte Verwandtschaftsbeziehungen ausdrücken. Tatsächlich ist unter den höhlenbrütenden Singvögeln der Kleiber eher die Ausnahme; die meisten bauen recht aufwendige Nester, die gut und gern auch im Geäst eines Baumes oder Busches ihren Zweck erfüllen würden. Man kann daraus vielleicht schließen, dass Singvögel nicht auf dem direkten Weg vom Bodenbrüter zum Höhlenbrüter wurden, wie etwa manche Entenarten, sondern auf dem Umweg über das Brüten in mehr oder weniger kunstvollen Baumnestern.

Kunstvoll sind in der Tat viele Nester der so genannten Freibrüter, zu denen die meisten Singvögel zählen. Trotz großer Mannigfaltigkeit der Nestformen lassen sich einige Grundtypen unterscheiden. Gemeinsam ist ihnen allen, dass sie fast durchwegs über dem Boden in der Vegetation errichtet werden. Dies unterscheidet eben den Freibrüter vom Bodenbrüter. (Dass es vereinzelt Übergänge zwischen Bodenbrütern, Höhlenbrütern und Freibrütern gibt, konnten wir schon am Beispiel von Zaunkönig und Rotkehlchen sehen.) Gemeinsam ist ihnen außerdem, dass Pflanzenteile das wichtigste Nistmaterial sind.

Die Art der Baustoffe prägt sehr stark die Nestform. Größere Vögel, die ein entsprechend größeres Nest brauchen, verwenden zumindest für den Unterbau fast immer dürre – manchmal auch frische – Äste und Zweige. Sie werden mit seitlich rüttelnden Schnabelbewegungen zu einer flachen Plattform zusammengefügt. Manche Arten, wie die Tauben, begnügen sich mit einem solch ziemlich unfertig wirkenden Bau. Andere Vögel, die ihr Reisignest mehrere Jahre benützen, dazu gehören Greifvögel, Störche und Reiher, tragen ständig weiteres Nistmaterial ein, sodass mit der Zeit ein stattlicher Horst entsteht. Selbst die ge-

Ein Rotkehlchen kuschelt sich tief in sein gut verstecktes Nest, als wollte es seine rote Brust verbergen.

nannten Arten, auch die Tauben, tragen aber nicht einfach beliebig Zweige und Äste zusammen, sondern verbauen anfangs gröberes, zuletzt feineres Material, sodass wenigstens die Andeutung einer gepolsterten Nestmulde entsteht. Sehr deutlich wird dieser Wechsel von grobem Material für den Unterbau und feinem für die Nestmulde beim Nest des Gimpels, das aus einem ziemlich sperrigen Unterbau aus Reisern und einem davon deutlich abgesetzten Napf aus feinen Wurzeln und Haaren besteht. Die meisten unserer Singvögel bauen relativ kleine, napfförmige Nester, die auch nach dem Prinzip außen grob, innen fein gebaut sind, aber doch mehr wie aus einem Guss erscheinen.

Einem Vogel beim Nestbau zuzuschauen ist einerseits faszinierend, andererseits ziemlich nervenaufreibend. Die Bewegungen, mit denen das oft sperrige Material verbaut wird, erscheinen einem wenig zielgerichtet, wie ein ziemlich blindes Herumprobieren, sodass man erstaunt ist, was für ein funktionstüchtiges und schönes Gebilde am Ende dabei herauskommt. Die Nestmulde wird der Körperform des Vogels genau angepasst, indem sich das Tier mit erhobenem Kopf und Schwanz immer wieder in der Mulde dreht, dabei auch mit den Füßen strampelt und so das Material verdichtet und die Form dem Körper anpasst.

Ein völlig aus Zivilisationsabfällen gebautes Blesshuhn-Nest (in Amsterdam).

Neben dem üblichen, napfförmigen Nest, findet man bei einigen Arten Sonderformen. So legen manche Vögel Wert auf ein Dach überm Kopf. In sehr auffälliger Weise zeigen die Elstern, wie so etwas aus Reisig konstruiert werden kann. Weniger ins Auge fallen die kleinen, gut versteckten so genannten »Backofennester« mit seitlichem Eingang, wie sie etwa Zaunkönige, Rotkehlchen und Laubsänger meistens nah dem Boden bauen. Zu großer Perfektion haben es die Schwanzmeisen gebracht, die ihr längliches Backofennest meist in größerer Höhe anlegen und Moos und Flechten mit Spinnweben so fein verwirken, dass ein stabiles, filzartiges Nest ent-

steht, das noch dazu perfekt getarnt ist.

Noch kunstvoller baut bei uns nur noch die Beutelmeise, die ihr fein gewobenes Filznest frei in der Luft schaukelnd an der Spitze eines abwärts geneigten Weidenzweiges aufhängt. Dieses Gewebe ist so dicht und fest, dass man angeblich in manchen Gegenden die Nester als Kinderpantoffeln verwendet hat. Hängende Nester sind besonders gut vor kletternden Feinden (Mardern, Eichhörnchen, Katzen) geschützt. Da es in den Tropen davon ungleich mehr gibt als bei uns (von Schlangen bis Beutelratten), verwundert es nicht, dass hierzulande hängende Nester die Ausnahme sind. Neben der Beutelmeise wären hier allenfalls noch der Pirol und die Rohrsänger zu erwähnen, die ihre Nester zwischen Zweigen beziehungsweise Schilfhalmen aufhängen.

Wie gesagt, sind die wichtigsten Baustoffe pflanzliche und tierische Materialien. Von den Schwalben wissen wir aber, dass sie ihre Nester aus Lehmklümpchen aufmauern, was den großen Vorteil hat, dass die Nester hoch an senkrechten Wänden festgemörtelt werden können, wo so leicht kein Nesträuber hinkommt. Auch Drosseln und Elstern verwenden gerne Lehm, Erde oder feuchten Holzmulm, um damit ihre Nestmulden glatt auszustreichen. Der trockene Lehmstaub dient offenbar auch als Insektizid, sodass die Jungen in solchen Nestern nicht so stark von Parasiten befallen werden.

Vögel sind Pragmatiker. Auch wenn sie Vorlieben für bestimmte Nistmaterialien haben, so fliegen sie doch nicht beliebig weit, um sie zu bekommen. Mit anderen Worten, sie nehmen oft mit dem Vorlieb, was ihnen die nähere Umgebung des gewählten Neststandorts bietet. (Allerdings kann bei der Wahl des Nistorts verfügbares Nistmaterial durchaus auch eine Rolle spielen.) So kommt es, dass manchmal recht ungewöhnliche Baustoffe verwendet werden. Stadtamseln und Haussperlinge nehmen längst und oft in ziemlichem Umfang menschliche Produkte wie Papier-, Stoff- und Folienfetzen, Bänder und

Schnüre und sogar Drahtstücke. Manche Nester sehen wie die reinste Müllhalde aus.

Die meisten Nester sind reine Zweckbauten für einmalige Brut und Jungenaufzucht. Fast alle kleinen Singvögel (Sperlingsvögel) bauen für jede Brut an einem neuen Platz ein neues Nest, auch im gleichen Jahr und gleichen Revier. Da gute Nistplätze selten sind, sollte man also alte Nester bald entfernen. Dabei entdeckt man auch einen der Gründe für den Ortswechsel: Das alte Nest enthält oft stinkende und von Fliegenmaden wimmelnde Kadaver verhungerter Jungvögel, Milben, Flöhe, Zecken und Stechfliegen. Manchmal werden alte Nester mit einem neuen überbaut, wenn geeignete Nistplätze fehlen. Nur größere Vögel benutzen ihre aus Ästen und Zweigen bestehende Horste oft viele Jahre hintereinander – entweder selbstgebaut oder als Untermieter (Falken, Eulen). Dass Nester als Schlafstätte genutzt werden, ist selten, in der Regel nur von noch nicht ganz selbstständigen Jungen oder von Höhlenbrütern in kalten Winternächten.

Eier – Formen, Farben, Gelegegrößen

Wer das Glück hatte, als Kind auf dem Land oder mit einem großen Garten aufzuwachsen, der erinnert sich vielleicht noch an

die bunten Ostereier, die zwischen Blumen, Moos und Laub versteckt waren und einem wie kostbare Schätze entgegen strahlten, wenn man in merkwürdiger Erregung mit suchenden Händen und Augen darauf stieß. Ähnlich geht es mir noch heute, wenn ich durch Zufall auf ein Vogelnest mit Eiern stoße: Das kunstvolle und wohl geordnete kleine Bauwerk des Nestes und wie Edelsteine darin die schön geformten und gefärbten Eier – das steht in einem so köstlichen, unerwarteten, bezaubernden Kontrast zu den wilderen Formen, Farben und Texturen der sie umgebenden und verbergenden Pflanzen, dass man in der Tat meint, auf einen kostbaren Schatz gestoßen zu sein.

Die Eier der Vögel sind wahrlich kleine Kunstwerke. Schon bei den Formen findet sich eine bemerkenswerte Vielfalt. Vom fast kugelrunden bis hin zum langgestreckten Ei kann man alle Übergänge feststellen, stumpfer und spitzer Pol unterscheiden sich bald sehr deutlich, bald kaum erkennbar.

Die Größe der Vogeleier schwankt selbstverständlich mit der Größe der Vögel. Die größten Eier der mitteleuropäischen Vogelwelt dürften die von Schwänen, Gänsen und vom Kranich sein; sie werden fast 9 cm lang und 6 cm breit. Dem gegenüber sind die Eier vom Goldhähnchen mit 13 x 10 mm winzig klein. Noch größer ist die Mannigfaltig-

Vielfalt der Größen, Formen und Farben: Ei von Höckerschwan, Sturmmöwe, Singdrossel und Sommergoldhähnchen.

keit bei Farben und Texturen. Selbst wo die Eier nur schlicht weiß sind (z.B. bei den meisten Höhlenbrütern), sind sie doch immer formvollendet und weisen oft eine schön mattglänzende oder fein strukturierte Oberfläche auf. Dies gilt auch für die dezent einfarbigen Eier, die vielfach wunderschön blaugrün, rahmfarben, bräunlich oder satt kastanienbraun sind, so etwa bei vielen Reihern, Enten und Gänsen oder bei Heckenbraunelle, Goldhähnchen, Gartenrotschwanz und Star. Die überwiegende Zahl besonders der Singvögel legt aber phantasievoll gezeichnete und gemusterte Eier, fast immer mit

Untergrundfarben in zarten Pastelltönen, von denen sich die Flecken, Schnörkel und Tupfen mehr oder minder kräftig abheben. Oft ist die Zeichnung am stumpfen Pol kräftiger als am spitzen Ende des Eies. All diese verschiedenen Farbtöne werden offenbar von nur zwei Pigmenten hervorgerufen, einem blauen oder grünlich blauen, das in der ganzen Schale gleichmäßig verteilt ist, und einem rötlichen, braunen bis schwarzen, das flächig oder als Zeichnung auftritt und mit blauem Untergrund Zwischentöne erzeugen kann.
Da die meisten Eischalen leicht transparent sind, wirken Eier im

Nest, wenn sie gefüllt sind, dunkler und intensiver gefärbt als ausgeblasene Eier in Sammlungen. Da die Farben in verschiedenen Stadien der Eibildung abgegeben werden, liegen sie oft in verschieden tiefen Schichten der Schale, wodurch interessante Überlagerungseffekte (z.B. so genannte Unterflecken) zustande kommen. Färbung und Zeichnung variieren innerhalb einer Art individuell mehr oder weniger, und selbst innerhalb eines Geleges gibt es leichte Unterschiede. Trotzdem lässt sich in der Regel ein Vogelei wegen seiner Abmessungen und Färbung recht sicher einer Art zuordnen. Wobei die Eier ver-

Das Nesthäkchen von Greifvögeln (hier bei Rohrweihen) hat nur bei gutem Nahrungsangebot eine Chance.

wandter Arten (etwa Meisen) oft sehr ähnlich sind.

Die Zahl der Eier je Gelege ist von Art zu Art sehr unterschiedlich. Ganz allgemein kann man daran die Verluste beziehungsweise die Lebensdauer ablesen: (kleine) Vögel mit geringer Lebenserwartung müssen jährlich mehr Nachkommen produzieren als Arten, die sehr alt werden können und geringe Verluste haben. Aber auch von dieser Regel gibt es allerhand Ausnahmen. So haben viele Gänse erstaunlich große Gelege, obwohl sich die Vögel von Größe und Alter her durchaus mit großen Greifvögeln messen können, die im Durchschnitt oft weniger als 1 Junges pro Jahr hervorbringen. Auch Enten und Hühner legen bis zu 20 Eier – vielleicht weil sie als Bodenbrüter besonders hohe Verluste hinnehmen müssen.

Die Gruppe der Watvögel und Möwenartigen zeichnet sich durch eine recht konstante Gelegegröße mit 3 oder 4 Eiern aus. Bei den Singvögeln hingegen schwankt die Zahl der Eier je Gelege von Art zu

Art stärker, hält sich aber meist an einen Rahmen zwischen 3 und 6. Meisen können bis zu 15 Eier legen und im Schutz einer Bruthöhle und eines warmen Nestes auch erbrüten.

Die Ablage der Eier erfolgt bei den meisten Vogelarten im Abstand von etwa 24 Stunden. Größere Vögel wie Reiher, Störche oder Greifvögel legen im Abstand von 2–4 Tagen und beginnen oft schon vom ersten Ei an mit der Bebrütung. Als Folge davon schlüpfen die Jungen nacheinander, sodass der Altersunterschied 1 Woche und mehr betragen kann.

Biologisch hat das einen Zweck: Die älteren Jungen werden bevorzugt gefüttert und haben daher bei Nahrungsmangel bessere Überlebenschancen. Das Nesthäkchen dient gewisser-

Vor Feinden von oben und unten bestens geschützt sind junge Teichrohrsänger.

maßen nur als Reserve für Zeiten eines reichlichen Nahrungsangebotes. Bei geringer Nahrung verhungert es und wird aus dem Nest geworfen oder sogar von Eltern oder Geschwistern gefressen.

Das »Brutgeschäft«

Im Gegensatz zu den meisten anderen eierlegenden Tieren, deren Embryonen sich unter den oft schwankenden Temperaturbedingungen der jeweiligen Umwelt entwickeln, brauchen die Gelege der Vögel während der gesamten Entwicklung des Embryos eine ziemlich gleichmäßige, hohe Temperatur, die etwa der Körpertemperatur der Vögel entspricht, also um 35 °C liegt. Nur unbebrütete Eier, in denen die Embryonalentwicklung noch nicht begonnen hat, vertragen über längere Zeit auch kühlere Temperaturen. Da viele Vögel mit dem Brüten erst beginnen, wenn das Gelege vollständig ist, kann das erste Ei bis zu 15 Tage und mehr bei Umgebungstemperaturen überdauern, ohne Schaden an seiner Entwicklungsfähigkeit zu nehmen.

Störungen am Nest, die den Altvogel vom Gelege vertreiben, sind oft die Ursache für Brutausfälle. Besonders kritisch ist ein Abkühlen des Geleges in den späten Phasen der Bebrütung, während zu Beginn der Keimesentwicklung ein Absinken der

Nur bei wenigen Vogelarten übernimmt das Männchen die ganze Last des Brütens und Fütterns – so beim Odinshühnchen.

Temperatur das Wachstum nur verzögert, ohne in der Regel ein Absterben des Keims zu bewirken. Ausnahmen gibt es bei einigen Seevögeln (Sturmschwalben und Sturmvögeln), bei denen weit entwickelte Embryonen sogar eine mehrtägige Abkühlung ohne Schaden überstehen. Auch beim Mauersegler vertragen die sich entwickelnden Jungen offenbar gewisse Zeiten der Abkühlung, da schlechtes Wetter, das die Altvögel zu weiten Nahrungsflügen zwingt, die Brutdauer um 5–8 Tage verlängert.

Am »Brutgeschäft« beteiligen sich bei vielen Vogelarten Mutter und Vater. Sie wechseln sich im Abstand von Stunden oder Tagen beim Brüten ab, sodass zwischendurch Zeit für Nahrungssuche, Koten und Gefiederpflege

ist. Oft ist das Brüten aber auch allein Sache eines Partners, meist des Weibchens. So bei den Enten, bei denen das Weibchen nicht nur allein brütet sondern auch allein die Jungen führt. Bei den nah verwandten Gänsen und Schwänen ist es dagegen üblich, dass sich die Väter treusorgend beim Führen der Jungen beteiligen, während sie das Brüten ebenfalls ihren Weibern überlassen – dabei allerdings Wache halten. Bei sehr vielen Vogelarten übernimmt das Weibchen zumindest die größere Bürde bei Nestbau, Brut und Aufziehen der Jungen. Wo die Vogelmutter das Brüten allein übernimmt, aus klimatischen Gründen das Gelege aber nicht länger verlassen kann, wird sie oft vom Partner gefüttert.

Mit einem bald abfallenden Höcker auf der Schnabelspitze, dem »Eizahn« befreit sich der junge Vogel aus dem Ei (hier Silbermöwe).

Ungewöhnlich sind Fälle, in denen allein das Männchen die Mühen des Brütens und der Kinderbetreuung auf sich nimmt. Dies ist zum Beispiel bei den Wassertretern der Fall, kleinen Watvögeln, von denen Thors- und Odinshühnchen im nördlichen Europa brüten. Bemerkenswert ist, dass bei diesen Vögeln ausnahmsweise das Weibchen das wesentlich prächtigere Brutkleid trägt, während das Männchen (besonders beim Odinshühnchen) schlicht und tarnfarben – wie üblicherweise das Weibchen – seinen väterlichen Aufgaben nachgeht. Ebenfalls ungewöhnlich sind Fälle, in denen ältere Geschwister bei der Betreuung der Jungen einer zweiten Brut mithelfen. Derlei Geschwisterliebe findet man etwa beim Teichhuhn.

Ob ein Vogel sich am Brutgeschäft beteiligt, erkennt man am Vorhandensein so genannter Brutflecken, 1–3 nackter Hautstellen im Brust- und Bauchbereich, an denen die Federn ausfallen und die Haut anschwillt und sich stark erwärmt (»entzündet«). In der Regel sieht man den oder die Brutflecken aber nur, wenn man den Vogel in der Hand hat, da seitliche Federn die nackten Stellen gewöhnlich verdecken, wenn der Vogel das Gelege verlässt. Nur Entenvögel, Kormorane, Eulen und die nicht selbst brütenden Kuckucke besitzen keine Brutflecken. Auch Tölpel weisen keine Brutflecken auf, sondern benutzen ihre Füße zur Übertragung der Körperwärme. Enten rupfen sich die Bauchfedern aus, füttern damit ihr Nest und schaffen sich auf diese Weise gleichzeitig einen »künstlichen« Brutfleck.

Bevor sich der Vogel auf dem Gelege niederlässt und oft auch während des Brütens wendet er mit dem Schnabel die Eier. Ob dies in jedem Fall notwendig für eine erfolgreiche Embryonalentwicklung und ein problemloses Schlüpfen ist, gilt als umstritten, da auch experimentell fixierte Eier sich gut entwickelten. Bei

künstlich erbrüteten Eiern, die nicht gewendet werden, verklebt andererseits häufig der Embryo mit der Eihaut oder -schale.

Brutdauer

Die Brutdauer hängt wesentlich mit der Größe der Vögel zusammen. Bei kleinen Vögeln schlüpfen die Jungen schon weniger als 2 Wochen nach Brutbeginn; große Greifvögel müssen ihr Gelege bis zu 2 Monate lang warm halten, bevor die Jungen schlüpfen. Im Einzelfall hängt die Brutdauer aber auch davon ab, wie oft die Brut unterbrochen wurde, die Temperatur der Eier absank. Dadurch sind Schwankungen der Brutdauer von plus oder minus 10 Prozent möglich.

Bereits nach halbtägiger Bebrütung bildet sich auf dem Eidotter eine Keimscheibe, die als roter Fleck mit dem bloßen Auge erkennbar ist. Nach einigen Tagen sind Embryo und Dottersack bereits als zwei nabelförmig miteinander verbundene Gebilde zu erkennen. Der Gasaustausch findet bald über ein auch außerhalb des Embryos sich ausbreitendes Blutgefäßsystem statt, das über die poröse Eischale Sauerstoff zu- und Kohlendioxid abführt. Später vergrößert sich durch Verdunstung von Wasser die Luftblase zwischen Eihaut und Eischale am stumpfen Pol. Einige Zeit vor dem Schlüpfen durchstößt das Junge die Haut mit dem Schnabel und beginnt

Übersicht über die Brutdauer bei Vögeln	
Lappentaucher	19–29
Störche	28–34
Schwäne	34–38
Enten	21–28
Greifvögel	28–58
Hühnervögel	17–34
Rallen	16–24
Watvögel	18–30
Möwen	20–30
Tauben	14–30
Eulen	24–36
Segler	18–22
Spechte	11–17
Sperlingsvögel (Singvögel)	11–21

mit der Lungenatmung. So können sich noch im Schutz des Eies die sehr feinen Lungenröhrchen entwickeln; ihre Öffnung erst nach der »Geburt« wäre wegen ihrer kapillaren Feinheit gar nicht möglich. Man nimmt an, dass dies der Grund dafür ist, dass Vögel trotz ihrer hohen Entwicklungsstufe das »rückständige« Prinzip des Eierlegens beibehalten haben. Die der Säugerlunge weit überlegene Vogellunge ist nämlich eine der wesentlichen Voraussetzungen für das den Stoffwechsel enorm strapazierende Fliegen.

Nestflüchter und Nesthocker

Bereits im Ei nimmt der heranwachsende Jungvogel seine Umwelt wahr. Da die meisten (tagaktiven) Vögel vor allem morgens beziehungsweise tagsüber

das Gelege verlassen, werden die Jungen durch den Temperatur- und Lichtwechsel schon im Ei auf den Wechsel von Tag und Nacht im 24-Stunden-Rhythmus vorbereitet. So erstaunt es nicht, dass die meisten Vogelkinder am frühen Morgen schlüpfen.

Das Schlüpfen der Vögel ist insofern nicht mit der Geburt und dem damit verbundenen »Schock« der im Mutterleib viel stärker von der Umwelt abgeschirmten Säugetierjungen zu vergleichen; allerdings müssen sie ganz aus eigener Kraft in die Welt treten. Zunächst gilt es die harte Eischale zu durchstoßen. Dafür hat die Natur den meisten Vogeljungen eine Art Meißel in die Wiege gelegt, einen Eizahn genannten Höcker auf dem Schnabel, der bald nach dem Schlüpfen wieder abfällt. Zum Werkzeug bekommen die Jungen auch die nötige Kraft in Form eines Nackenmuskels, des so genannten Schlüpfmuskels, der ebenfalls nach der Geburt wieder verschwindet.

Das Durchbrechen der Schale ist nur der erste Schritt. In der Regel setzt erst jetzt die volle Lungenatmung ein, und es kann auf das außerhalb des Körpers liegende embryonale Blutgefäßsystem verzichtet werden. Da es sich erst zurückbilden muss, was je nach Art einige Stunden oder Tage dauern kann, muss das Junge meist noch eine Weile im geöffneten Ei verharren, bevor es das Ei verlassen kann. Darum sollte

Nestflüchter: Stockenten verlassen das Ei wach, fit und tatendurstig.

lassen, ihre Nahrung können sie aber erst selber jagen, wenn sie flügge sind.

Was gewöhnlich als Dauer der »Nestlingszeit« angegeben wird, setzt sich auch bei den Nesthockern aus mehreren Phasen einer durch Abhängigkeit von den Eltern gekennzeichneten Kindheit zusammen. Viele Vogelkinder verlassen das Nest, bevor sie fliegen und selbst nach Nahrung suchen können. Aber auch wenn sie längst Größe und Flugvermögen der Altvögel erlangt haben, sind Jungvögel von Arten mit schwierigem Nahrungserwerb (Stoßtaucher, Greifvögel usw.) oft noch Monate und sogar Jahre ganz oder teilweise von Fütterungen abhängig. Will man die verschiedenen Brutpflegezeiten miteinander vergleichen, muss man also die Zeit vom Schlupf bis zur Selbstständigkeit betrachten, von der sich die Phasen vom Schlupf bis zum Verlassen des Nestes (Nestlingszeit) und die bis zum Flüggewerden mehr oder weniger deutlich unterscheiden können (siehe Tabelle der Nistdaten, S. 120).

Es versteht sich von selbst, dass Nestflüchter in aller Regel Boden- oder Wasserbrüter sein müssen, da die Jungen bei aller Frühreife doch nie mit flugtauglichen Flügeln das Ei verlassen. Gleichwohl gibt es einige Arten, die auf den Schutz etwa hoch gelegener Baumhöhlen nicht verzichten wollen und ihren Jungen damit todesmutige Sprünge im zartesten

man nie zu eilfertig beim Schlüpfen helfen, auch Vogeleltern tun es in der Regel nicht.

Frisch geschlüpfte Vogeljunge sehen nicht immer so niedlich aus wie Eintagsküken, flaumig befiedert, mit offenen Augen und bald auf eigenen Beinen. Neben diesen als Nestflüchtern bezeichneten Vogeljungen gibt es eine große Gruppe, deren Junge als so genannte Nesthocker dem Ei entschlüpfen: nackt, blind und völlig hilflos, was den Broterwerb angeht.

Bei einigen Arten lassen sich die Jungen allerdings nicht ohne weiteres den Nestflüchtern oder Nesthockern zuordnen. So kommen junge Möwen und Seeschwalben so gut entwickelt wie Nestflüchter aus dem Ei, bleiben aber kürzer oder länger (oft bis zum Flüggewerden) im Nest oder in Nestnähe und müssen noch lange von den Eltern gefüttert werden. Auch junge Nachtschwalben kommen wohl befiedert zur Welt und können bald rutschend das Nest ver-

Alter zumuten. So brüten Schellenten und Gänsesäger regelmäßig, Stockenten ab und zu in Nistkästen, hoch gelegenen Baumoder Felshöhlen oder gar in Kirchtürmen, 10 m und mehr über dem Boden. Erstaunlicherweise purzeln ihre ein- oder zweitägigen Küken so leicht zu Boden, dass Verletzungen oder Todesfälle kaum je zu beklagen sind.

Nestflüchter sind vom ersten Tag an mit einem schützenden Dunenkleid, mit wachen Sinnesorganen und kräftigen Beinen ausgestattet. Die meisten können sofort ihre Nahrung selbst suchen. Von der Mutter oder beiden Eltern werden sie an gute Nahrungsplätze geführt, vor Feinden gewarnt oder auch verteidigt, anfangs auch vor zu großer Hitze, Kälte und Nässe geschützt und manchmal auch gefüttert. So beeindruckend die körperliche Entwicklung der kleinen Nestflüchter ist, über die Komplexität der Welt müssen sie doch noch eine Menge lernen. Viele Nestflüchter werden von ihren Eltern etwa darin angeleitet, zuträgliche von unzuträglicher Nahrung zu unterscheiden. Auch das Erkennen der verschiedenen Feindbilder will gelernt sein, ist nur in groben Zügen angeboren. In dieser Beziehung profitieren junge Nestflüchter von den Erfahrungen ihrer Eltern oft mehr als Nesthocker, die im wohl behüteten Nest nicht viele Erfahrungen sammeln können und trotzdem nicht selten sofort auf sich selbst

Der intensiv gefärbte Rachen von Nesthockern stimuliert und erleichtert das Füttern (hier junge Grünfinken).

gestellt sind, sobald sie flügge das Nest verlassen.

Viele Nestflüchter sind anfangs noch ziemlich schutzbedürftig. Darum müssen die Eltern teilweise die Funktion eines schützenden Nestes übernehmen. Junge Taucher und Schwäne klettern ihren Eltern auf den Rücken, wenn sie müde oder kalt sind, und finden Schutz unter den angestellten Flügeln. Taucher, Rallen (zu denen das Blesshuhn

gehört) und manche Watvögel füttern sogar ihre Jungen, ein Service, auf den die meisten anderen Nestflüchter wie junge Schwäne, Gänse, Enten, Hühner und viele Watvögel verzichten müssen – wohl weil ihnen (mit Ausnahme der Watvögel) als Vegetariern das Futter leichter in den Schnabel wächst.

Stellen wir uns noch die Frage, ob denn die Verteilung der Nesthocker und Nestflüchter im

Vogelreich irgendeine Regelmäßigkeit erkennen lässt, so entdecken wir, dass Nestflüchter vor allem bei den »primitiveren«, stammesgeschichtlich älteren Gruppen (z.B. bei Tauchern, Enten, Hühnern, Watvögeln), Nesthocker bei den höher entwickelten Familien, vor allem bei den Singvögeln, zu finden sind. Das erstaunt nicht, da auch bei den Säugetieren lange und intensive Kinderbetreuung stets ein Zeichen »hoher« beziehungsweise später Evolutionsstufen ist.

Füttern

Während Nestflüchter fast wie kleine Erwachsene zur Welt kommen, gleichen Nesthocker nach dem Schlüpfen bedauerlichen Frühgeburten, die nackt, blind und hilflos nur eins können: den Schnabel aufreißen. Dies dafür mit viel Raffinement. Das Schnabelinnere ist leuchtend gelb bis intensiv rot gefärbt und es kann durch weiße, schwarze und sogar reflektierend leuchtende Flecken und Papillen noch in charakteristischer Weise gemustert sein. Weit verbreitet sind gerade bei Höhlenbrütern hell gelbe oder weiße wulstige Schnabelränder. All dies erleichtert es den fütternden Eltern ihr Ziel zu finden und wirkt überdies als Auslöser bei der Futterübergabe.
Alles ist anfangs beim Nesthocker auf Fressen, Verdauen und Ausscheiden konzentriert. Vielfach nehmen die Kleinen täg-

lich eine Futtermenge zu sich, die ihrem eigenen Körpergewicht entspricht. Bei so viel Zuwendung wachsen sie rasch. Nach dem Schlüpfen wiegt ein Rotkehlchen etwa 2 g, nach 11 Tagen ist es fast ausgewachsen und wiegt etwa 20 g. Noch kräftiger wachsen junge Kuckucke: Bei der Geburt wiegen sie kaum mehr als ein Rotkehlchen (2,7 g), 3 Wochen später bringen sie über 100 g auf die Waage, also 40-mal so viel. Während ein so rasches Wachstum bei den meisten Kleinvögeln üblich ist, dauert es bei größeren Vögeln entsprechend länger: Junge Steinadler sind erst nach 70 Tagen, Schwäne nach 120 Tagen ausgewachsen.
Nahrungsmangel wirkt sich bei Kleinvögeln mit ihrem rasanten Stoffwechsel rasch verheerend aus. Bereits wenige Stunden ohne Futter können zum Verhungern führen. Darum ist es wichtig, dass in unseren Regionen zur Brutzeit die Tage lang und die Nächte kurz sind, und die Vögel von der Morgendämmerung bis zum Einbruch der Nacht Futter herbeischleppen. Wer einen jungen Singvogel selber durchbringen will, muss ständig auf dem Sprung sein und darf nicht lange schlafen. Ich komme noch darauf zurück.
Wie immer gibt es auch hier Ausnahmen von der Regel. So vertragen nicht nur die Eier vom Mauersegler einige Abkühlung (ich erwähnte es), sondern auch

ihre Jungen kommen einige Tage ohne Futter aus. Und zwar deshalb, weil sie die sonst nur noch von Kolibris bekannte Fähigkeit haben, ihre Körpertemperatur abzusenken und in eine Starre (Torpor) zu verfallen, die den gesamten Stoffwechsel auf ein Minimum reduziert. Natürlich wachsen sie dann entsprechend langsamer, sodass junge Mauersegler in kalten, regenreichen Sommern bis zu 3 Wochen später ausfliegen als in warmen.
Die meisten kleinen Nesthocker werden mit eiweißreichem Futter versorgt, mit tierischer Nahrung also, mit Insekten und deren Larven, mit Würmern, Spinnen, Tausendfüßern usw. Greifvögel, Eulen und Eisvögel tragen eine ihrer eigenen Ernährung entsprechende Beute ein: von Hasen und Mäusen bis zu kleinen Fischen. Auch Singvögel, die sonst überwiegend vegetarisch leben (»Körnerfresser«) verfüttern zumindest anfangs hauptsächlich tierische Beute und leben auch selbst davon. Manche bevorzugen aber »milchreife« (d.h. unreife, aber eiweißreiche) Sämereien, die bei Bedarf im Kropf vorgequollen werden. Ziemlich ungewöhnlich ist die Kindernahrung der Tauben. Sie sondern ein milchiges – allerdings überwiegend aus Hautzellen bestehendes – Kropfsekret ab und nähern sich damit der Kinderernährung der Säugetiere.
Die eiweißreiche Nahrung ist Voraussetzung für ein so rasches

Rachen und Schnabel sind bei Nesthockern nicht nur auffällig, sondern oft auch sehr spezifisch gefärbt und gezeichnet, wie bei diesen Heidelerchen.

Wachstum wie beim Rotkehlchen oder Kuckuck. Da holen die Nesthocker den Vorsprung der Nestflüchter rasch ein und überflügeln sie sogar. So braucht eine junge Amsel (Nesthocker) nur 12–15 Tage bis sie ihr Endgewicht erreicht und das Nest verlassen kann. Bei der etwa gleich schweren Wachtel (Nestflüchter) erreichen die überwiegend vegetarisch lebenden Jungen erst mit 30–50 Tagen Größe und Gewicht des Altvogels.

Die Mengen an Futter, die für eine vielköpfige und rasch wachsende Kinderschar nötig sind, kann nur der ermessen, der selbst einmal die Aufgabe der Jungenaufzucht übernommen hat. (Wobei unsereins ja über erheblich kräftesparendere Arten der Futterbeschaffung verfügt als eine Vogelmutter, die jeden Bissen per Luftfracht einfliegen muss.) Ein Kohlmeisenpaar fliegt täglich bis zu 900-mal seine Bruthöhle mit Futter an, um den

Hunger seiner Brut zu stillen. Ein Elternteil ist damit in der Regel überfordert, sodass bei den meisten Nesthockern sich beide Eltern die Aufgabe des Fütterns teilen. Fällt ein Partner aus, verhungert gewöhnlich ein Teil des Nachwuchses.

AUFZUCHT UND PFLEGE JUNGER VÖGEL

Alle Jahre wieder rufen im Frühjahr besorgte Bürger bei Polizei, Feuerwehr, Naturschutzverbänden oder als Vogelkenner bekannten Mitbürgern an: Sie hätten einen »aus dem Nest gefallenen« jungen Vogel gefunden. Aus den Beschreibungen ist selten zu entnehmen, um welche Vogelart es sich handelt, wie alt der Vogel ist, ob und, wenn ja, wo er verletzt ist, ob das Nest oder die fütternden Eltern in der Nähe entdeckt wurden und andere Einzelheiten, die eine situationsgerechte Empfehlung erst möglich machen.

Vom richtigen Umgang mit »Findlingen«

Zunächst einmal gilt es festzustellen, ob es sich wirklich um einen Jungvogel handelt. Das ist aus zwei Gründen nicht so leicht zu sagen: Jungvögel, die das Nest verlassen haben, aber noch nicht recht fliegen können, sind fast schon so groß wie die Altvögel. Als Jungvögel sind sie einmal an ihrem Jugendkleid zu erkennen, das sich meist deutlich vom Alterskleid unterscheidet.

Jungvögel erkennt man an kurzem Schwanz, hellen Schnabelrändern und restlichen Dunen (Mönchsgrasmücke).

Dazu muss man aber wissen, um welche Art es sich handelt – und das ist aufgrund des Jugendkleides für den Laien meist sehr schwierig, sofern er die (fütternden) Altvögel nicht beobachtet hat. Leichter sind Jungvögel an ihrem meist noch kurzen Schwanz und oft an hellen Schnabelwülsten zu erkennen. Manchmal ragen auch noch flaumige Dunen über das Gefieder hinaus.

Der zweite Grund für die Schwierigkeit einer Altersbestimmung: Viele kleine Singvögel werden auch im Alterskleid für Jungvögel gehalten, besonders wenn sie verunglückt oder durchnässt sind oder von einer Katze übel zugerichtet wurden. Das gilt vor allem für Vögel mit wenig ausgeprägtem Alterskleid, etwa Grasmücken oder Laubsänger (Zilpzalp).

Wenn es sich bei dem Findling tatsächlich um einen noch nicht flugfähigen, ansonsten aber voll befiederten und gesunden Jungvogel handelt, sollte man ihn möglichst gar nicht erst mitnehmen, sondern allenfalls an einen sichereren Platz in der Nähe des Fundortes setzen, am besten auf einen niedrigen Ast. Wie eingangs geschildert, verlassen viele Jungvögel das Nest, bevor sie richtig fliegen können, und fast alle werden, auch wenn sie schon längst fliegen können, noch längere Zeit

von den Alten gefüttert. Oft ist in dieser Phase das spätere Fluchtverhalten gegenüber Feinden (Katzen, Hunden, Menschen, Autos ...) noch nicht voll entwickelt. Darum kann man getrost auch solche Jungvögel ihrem Schicksal überlassen, die einen »verlassenen« Eindruck machen, weil die scheuen Eltern sich nicht blicken lassen.

Selbst leicht verletzte Jungvögel sollte man tunlichst ihren Eltern überlassen, da jede Aufzucht von Wildtieren durch Menschen schwierig und hinsichtlich der späteren Auswilderung problematisch ist. Überdies sind die Naturschutzgesetze heutzutage sehr strikt und untersagen das »Entnehmen« von Wildtieren aller Art.

Hat man nun schon einmal einen jungen Vogel im Haus (von Kindern oder der Katze gebracht), sollte man ebenfalls – sofern das Tier in der Nähe gefunden wurde – den Versuch machen, den Kontakt mit den fütternden Eltern wieder herzustellen. Dazu setzt man den Findling am Fundort entweder in einen Busch oder Baum, oder man stellt ihn in einer offenen Schachtel, deren Rand so hoch ist, dass der Vogel nicht darüber springen oder flattern kann, oder in einem Käfig an einen offenen, katzensicheren Platz (z.B. auf ein

Vielleicht würde der junge Rotschwanz das Futter freudiger nehmen, wenn man ihn in seinem »Nest« fütterte.

Balkongeländer). Erst wenn sich innerhalb einiger Stunden die Eltern nicht blicken lassen, sollte man mit der Fütterung beginnen. Da unterkühlte Vögel oft die Nahrungsaufnahme verweigern, sollte man aber als Erstes prüfen, ob das Gefieder (sofern vorhanden) trocken und die Umgebungstemperatur nicht zu kalt ist. Bei noch mangelhaft befiederten Jungvögeln empfiehlt sich auf jeden Fall eine Aufwärmung. Dazu deckt man am besten einen leichten Wolllappen über den Vogel und hängt eine 25-Watt-Birne im Abstand von 25–30 cm darüber. Mit einem Thermometer sollte man aber immer wieder prüfen, dass die Temperatur unter dem Lappen nicht über 20–25 °C steigt.

Sperrt der Jungvogel nicht von allein den Schnabel auf, muss man ihn mit sanfter Gewalt öff-

nen. Das Futter (siehe unten) steckt man mit einer stumpfen Pinzette oder mit dem Finger tief in den Rachen. Da die Nahrung meist genügend Flüssigkeit enthält, ist die Verabreichung von Wasser in der Regel nicht nötig.

Aufzucht von Nesthockern

Die Aufzucht noch sehr junger Nesthocker erfordert viel Zuwendung. Vor allem brauchen sie genügend Wärme. Eine Rotlichtlampe ist als Wärmequelle besonders geeignet, die erwähnte 25-Watt-Birne tut es aber auch, wobei dann aber die Abdeckung mit einem Lappen besonders nachts wichtig ist.

»Aus dem Nest gefallene«, also bereits (fast) ausgefiederte Junge

von kleinen Nesthockern in der Ästlingszeit sollten 1, spätestens 2 Wochen später (also im Alter von 3–4 Wochen) gut fliegen und allein Futter aufpicken können. Das sollten sie zuerst in einem geschlossenen Raum (Zimmer, Garage, Schuppen) einige Tage üben können. Dann ist es Zeit, sie nur noch im Freien zu füttern, damit sie sich allmählich an die Selbstständigkeit gewöhnen.

Viel seltener kommt es vor, dass junge Vögel vor der so genannten Ästlingszeit, in der sie noch nicht fliegen können, aber schon herumhüpfen oder -klettern (und dabei von wohlmeinenden Menschen oft aufgegriffen werden), wirklich aus dem Nest fallen (fast immer Folge einer massiven Störung) beziehungsweise durch einen Unfall elternlos wurden. Dann stellt sich einem die schwierige Aufgabe, noch sehr hilflose Nestlinge aufziehen zu müssen. Dabei sollte man sich an den natürlichen Bedingungen orientieren, ohne sie detailgenau zu kopieren – was ohnehin kaum gelingen dürfte. So ist eine nestförmige Mulde zweckvoll, um mehrere Jungvögel beisammen zu halten (sodass sie sich gegenseitig wärmen können) oder einen Einzelvogel an einem Platz zu halten. Es ist aber nicht sinnvoll, ein echtes Vogelnest aus Heu, Moos oder anderen Pflanzenmaterialien nachzubauen, denn so etwas lässt sich schwer sauber halten.

Viel praktischer ist eine kleine Schüssel oder Teeschale, die man mit weichem Toilettenpapier auslegt, das man rasch auswechseln kann. Dieses Kunstnest stellt man am besten in einen kleinen Karton mit hohen Wänden, damit die Vögel optisch und klimatisch etwas abgeschirmt sind. Für größere Vogelarten wie Krähen kann man einen Karton entsprechender Größe mit feinem Heu, Lumpen, einer Zeitung oder anderem leicht auswechselbarem und nicht zu sperrigem Material polstern.

Wichtig für das rasche Jugendwachstum ist eine protein- und vitaminreiche Kost mit einem gewissen Anteil an Ballaststoffen für gute Verdauung und Kalk für die Knochenbildung. Erstaunlicherweise sind Jungvögel oft weniger anspruchsvoll, was Vielfalt und Zusammensetzung ihrer Nahrung anlangt, als Altvögel. So kann man junge Krähenvögel (Krähen, Elstern, Häher, Dohlen) ausschließlich mit einer Mischung aus trockenem Quark und Weizenkleie mit einer Zugabe von Kalk (Vitakalk) und Vitaminen (Vigantol) aufziehen, während sich erwachsene Krähen eine unglaublich vielfältige und abwechslungsreiche Speisekarte leisten. Die meisten Kleinvögel gedeihen recht gut allein bei Hackfleisch mit Kalk (oder Knochenmehl) und Vitaminen.

Trotzdem sollte man eine möglichst vielfältige, artgemäße Kost (siehe Artbeschreibungen) an-

streben, vor allem nicht auf Lebendfutter verzichten, da es die ideale Mischung aller benötigten Substanzen enthält.

Für noch sehr junge Kleinvögel eignen sich die von Anglern gern als Köder verwendeten Fliegenmaden, die sich in kleineren Portionen (zu 30 g) 1 Woche und mehr im Kühlschrank aufbewahren lassen. Etwas größere Jungvögel sind mit Mehlwürmern (Larven des Mehlkäfers) bestens bedient. Wer sie in größeren Mengen und/oder über längere Zeit verfüttern will, kann sich eine eigene Zucht in einem dunklen, aber nicht geschlossenen Gefäß mit Mehl, altem Brot und Papier zulegen. Kleinere Portionen kann man aber auch im Angleroder Zoogeschäft kaufen und etliche Tage im Kühlschrank verwahren.

Auch Krähen fressen beides gern, allerdings in Mengen, die bald kostspielig werden. Für sie und größere Jungvögel (Greifvögel, Eulen, Reiher) sind Eintagsküken ein ausgezeichnetes Futter, die man tiefgefroren von Brutanstalten beziehen kann. Natürlich müssen sie vor dem Verfüttern aufgetaut und gegebenenfalls zerkleinert werden. Frisch gefangene Mäuse oder Heuschrecken gehören ebenfalls zur Gruppe der sehr geeigneten naturnahen Aufzuchtkost. Schließlich gibt es im Zoohandel so genanntes Weichfresserfutter (z.B. »Aleckwa«) zu kaufen. Es besteht aus getrockneten Kleinkrebsen (Garne-

Da geeignete Nahrung meist genug Wasser enthält, brauchen junge Vögel in der Regel nicht getränkt werden.

lenschrot), Insekten und deren Larven oder Puppen (z.B. Ameisen»eiern«) und kann daher im Vorrat gelagert werden. Das trockene Futter muss vor dem Füttern immer frisch mit fein geriebenen Karotten oder Äpfeln oder auch mit etwas Wasser zu einer feucht-krümeligen Masse verarbeitet werden. Derlei Futter hat den Vorteil, auch unverdauliche Stoffe (Chitin, Haare, Federn usw.) zu enthalten, die für die Verdauung vieler Vögel wichtig sind.

Ab der zweiten Woche sollten die Jungen von Körnerfressern (Sperlinge, Finken, Zeisige, Ammern) und nicht reinen Insektenfressern (Lerchen, Krähenvögel) zunehmend auch fein gehackte Triebspitzen von Schafgarbe, Brennnesseln, Spinat usw. sowie unreife oder eingeweichte feine

Die meisten Singvögel tragen die Kotballen ihrer Jungen weg, um das Nest sauber zu halten (Teichrohrsänger).

Sämereien (z.B. Hirse oder Kanarienfutter) bekommen.

Alle so genannten Beutegreifer (früher auch als Raubvögel bezeichnet), also Greifvögel und Eulen, füttern ihre Jungen vom ersten Tag an mit dem Fleisch größerer Tiere: von Reptilien über Vögel und Kleinsäuger (Mäuse) bis hin zu Kaninchen usw. Allerdings füttert die Mutter anfangs nur kleinste Fleischfetzen, die sie mit scharfem Schnabel aus der

Beute zupft. Man tut also gut daran, noch sehr junge Greifvögel und Eulen anfangs mit Hackfleisch oder aber den bereits erwähnten Fliegenmaden oder Mehlwürmern zu füttern. Ab der zweiten Woche können und sollen allmählich größere Brocken verfüttert werden, einschließlich Haut, Haaren und kleinen Knochen. Diese ziemlich unverdaulichen Stoffe werden zwar nach einer Weile als so genannte Gewölle wieder ausgewürgt, was aber der Verdauung und damit der Gesundheit und dem Wohlbefinden gut bekommt.

Apropos Verdauung: Die meisten Nesthocker geben ihren Kot mit hoch gerecktem Hinterteil und in einen Schleimbeutel verpackt unmittelbar nach der Fütterung ab. Die Vogeleltern beziehungsweise die menschlichen Adoptiveltern können dann den Kotbeutel mit dem Schnabel (einer Pinzette) packen und außerhalb des Nestes entsorgen. So bleibt das Nest sauber. Bei der doch mehr oder weniger künstlichen Ernährung kommt es allerdings oft vor, dass der Kot ohne Beutel abgegeben wird. Außerdem verzichten manche Vogelkinder (z.B. Reiher, Greifvögel, Spechte und Stare) auf die Verpackung, wenn sie etwas größer sind; sie spritzen dann den Kot über den Nestrand oder aus dem Loch der Bruthöhle. Auch die Jungen von Greifvögeln und Eulen schießen ihren ätzenden und übel riechenden Kot in fortgeschrittenem

Alter über den Nestrand. Für all solche Fälle sind saugfähige Küchentücher oder dergleichen als auswechselbare Unterlage nötig – sofern der Pflegling nicht überhaupt in gebührender Entfernung vom menschlichen Wohnbereich aufgezogen wird.

Wie weiter oben gesagt, verlassen viele zu den Nesthockern zählende Jungvögel das Nest oft schon Tage oder gar Wochen, bevor sie richtig fliegen können. Sie flattern oder klettern dann in der Umgebung des Nestes herum. In diesem Stadium sollten Sie Ihrem Findelkind statt der Nestmulde im Karton einen geräumigen Käfig mit Sitzstangen oder Ästen bieten. Wenn Sie merken, dass die Zeit des Fliegens gekommen ist, empfiehlt es sich – sofern keine größere Voliere zur Verfügung steht – den Käfig zu öffnen und den Vogel in einem geschlossenen Raum seine ersten Flugübungen machen zu lassen. Die meisten Vögel können ohne Anleitung und ohne viel Übung fliegen, sobald das Großgefieder (Schwanz und Flügel) genügend ausgebildet ist.

Fliegen können heißt aber nicht bei allen Vögeln auch schon, dass sie sich selbstständig ernähren können. Kleine Singvögel werden meist noch 1–2 Wochen, die Jungen größerer Vögel oft noch mehrere Wochen oder gar Monate gefüttert oder geführt. Diese Zeit des Selbstständigwerdens ist bei der Aufzucht junger

Vögel oft die schwierigste Phase, da man seine Zöglinge einerseits möglichst rasch an ein Leben in freier Natur gewöhnen muss, sie andererseits aber nicht zu früh sich selbst überlassen darf. Ein echtes Eltern-Kinder-Problem. Im Idealfall löst es sich dadurch, dass der frei gelassene Zögling immer ausgedehntere Ausflüge in die Umgebung macht und immer seltener zur Fütterung kommt. Dass es in diesem Stadium nicht nur in der Natur, sondern auch bei unseren unerfahrenen Pfleglingen recht häufig zu tödlichen Unfällen kommt, müssen wir hinnehmen.

Aufzucht von Nestflüchtern

Viel einfacher gestaltet sich die Ernährung der meisten Nestflüchter. Schon deswegen, weil sie sich von Anfang an bei der Nahrungsauswahl und Nahrungsaufnahme viel aktiver beteiligen als die bestenfalls den Schnabel aufsperrenden Nesthocker. Im Idealfall sorgen sie laufend oder schwimmend in einem nahrungsreichen Lebensraum (Naturgarten) vom ersten Tag an für sich selbst. Dann brauchen wir nur noch für Schutz und Wärme zu sorgen.
Wo derart natürliche Bedingungen fehlen, muss man geeignetes Futter beschaffen. Auch wenn Nestflüchter zu den Vegetariern gehören, wie Hühner und Enten,

brauchen sie während des Wachstums viel Eiweiß, vor allem tierisches. Die Küken von Hühnervögeln füttert man in den ersten Tagen alle 2–3 Stunden am besten mit einer frischen Mischung aus fein gewiegter Schafgarbe (auch Spinat, Salat, Brennnessel oder Löwenzahn) und hart gekochtem Ei. Doch auch hier ist in der ersten Woche ein gewisser Anteil an Lebendfutter in Form von Ameisenpuppen, Fliegenmaden oder Mehlwürmern fast unumgänglich. Man kann es auch mit dem im Landhandel erhältlichen Kükenaufzuchtfutter versuchen oder mit den bei den Nesthockern erwähnten speziellen Futtermischungen. Am besten serviert man in Blumentopf-Untersätzen, die nach jeder Fütterung sorgfältig gereinigt werden. In etwas größeren Schalen bietet man Wasser und trockenen Sand mit etwas Holzasche zum Baden, Trinken und zur Aufnahme von Magensteinchen an. Ein Auslauf im Freien braucht selbstverständlich einen Regenschutz und eine Wärmequelle (Rotlichtstrahler).
Im Großen und Ganzen gelten diese Regeln auch für Enten, Rallen (Wasserhühner) und Watvögel. Enten sollten natürlich ausreichende Badegelegenheiten haben, am besten einen naturnahen Teich, in dem sie auch gleich einen Großteil ihres Nahrungsbedarfs decken können. Dazu brauchen sie kaum Anleitung.

Die Küken von Teich- und Blesshuhn sind es gewöhnt, zumindest in der ersten Woche das Futter (z.B. Mehlwürmer) vorgehalten zu bekommen. Sie werden dann aber recht schnell selbst aktiv, besonders wenn sie einen Teich mit reicher pflanzlicher und tierischer Nahrungsauswahl zur Verfügung haben.
Auch die Küken von Watvögeln (und Möwen) picken nicht gleich los wie Hühnerküken. Da sie sich auch später von Bodentieren ernähren, die sie mehr herausstochern als auflesen, müssen sie anfangs lernen, was gut ist und wie man es erwischt. Die Eltern halten ihnen daher in den ersten Tagen das Futter vor den Schnabel und legen es später auf den Boden. Da die meisten Watvögel, zu denen Austernfischer, Kiebitz, Regenpfeifer, Bekassine und Rotschenkel gehören, sensible Schnabelspitzen haben, sollte man ihnen das Futter in flachen Sandschalen anbieten, später sogar im Sand, damit sie ihren arteigenen Nahrungserwerb üben können.

DER VOGELFREUNDLICHE GARTEN

Eine der schönsten Möglichkeiten, am Familienleben der Vögel teilzunehmen, ist die Beobachtung im Garten. Von der ersten Brautwerbung bis zum Ausfliegen der Jungen können wir hier oft aus nächster Nähe, zu jeder Tageszeit und bei jedem Wetter (aus dem Fenster) zuschauen, wie ein Nest gebaut wird, wie sich das Gelege vervollständigt, wer wann brütet, wie viel die nackten Jungen gehudert (gewärmt) und gefüttert werden, wie rasch sie heranwachsen. All das ist für den geduldigen Beobachter nicht nur ein bereicherndes und bewegendes Erlebnis, sondern auch die beste Ausbildung zur Ziehmutter oder zum Ziehvater für kleine Findlinge oder Pflegekinder.

Im Garten haben wir auch am ehesten die Möglichkeit, etwas zur Förderung und zum Schutz unserer wildlebenden Vögel zu tun. Denn Gärten sind Lebensräume, Biotope, in denen die gleichen Regeln und Gesetze gelten wie überall in der Natur – und im Naturschutz. Wer in seinem Garten Vögeln eine Lebensstätte bieten, sie zum Nisten verführen möchte, der muss die Regeln der Natur, die Gewohn-

heiten und Bedürfnissen der Vögel und ihre Ansprüche an die Umwelt kennen.

Vor allem eine Grundregel der Ökologie sollte man beherzigen: Vielseitige Lebensbedingungen sind die Voraussetzung für hohe Artenvielfalt; einseitige Lebensbedingungen führen dagegen zu artenarmen, aber oft individuenreichen Lebensgemeinschaften. Beide Aussagen hängen insofern zusammen, als die Lebensbedingungen einer Pflanze oder eines Tieres ja vor allem auch durch die im gleichen Biotop lebenden anderen Pflanzen und Tiere bestimmt werden, sodass die Artenvielfalt nicht nur eine Folge, sondern auch eine Voraussetzung »vielseitiger Lebensbedingungen« ist.

Wie zutreffend diese Regel auch für den Garten ist, sagt uns schon die oberflächlichste Erfahrung: Ein Garten, der nur aus Terrasse, kurz geschorenem Rasen und zwei kleinen Blautannen besteht, wird zwar sicher dann und wann auch einmal von einer hungrigen Amsel, einer herumstreifenden Meise oder einem Spatzenpaar besucht werden, ein vielfältiges Vogelleben oder gar Familienleben wird sich unter solchen Bedingungen aber kaum einstellen.

Ein kaum überwindbarer Nachteil kleiner Gärten ist die Tatsache,

dass große alte Bäume darin meist keinen Platz haben. Große alte Bäume sind aber für viele der in Frage kommenden Vogelarten eine fast unersetzbare Existenzgrundlage; sie bieten ihnen Nahrung, Versteck und Nistplatz. Somit sind Kleingartenbesitzer sehr von den Lebensbedingungen auch der weiteren Nachbarschaft abhängig. Ein möglicher Ausweg: Wenn Ihr Garten und die Nachbargärten zu klein sind für größere Bäume, sollten Sie sich bei Ihrer Kommunalverwaltung dafür einsetzen, wo immer nur möglich auf öffentlichem Grund groß werdende Laubbäume zu pflanzen. Solchen Wünschen kann man viel Nachdruck verleihen, wenn man sich mit Nachbarn zusammentut und eine geringe Kostenbeteiligung anbietet. Bedenken Sie, was es Sie kosten würde, wenn Sie die Bäume auf eigenem Grund pflanzen müssten.

Ohne eine »gute«, das heißt in diesem Fall vogelfreundliche Nachbarschaft werden also manche Bemühungen um einen vogelfreundlichen Kleingarten vergebens sein. Das sollte aber nicht zu Resignation und Nichtstun führen, sondern zu einem umfassenderen Bemühen um eine lebensvollere, lebensfreundlichere Gestaltung des gesamten Wohnviertels oder Wohnortes.

Ein reich strukturierter, naturnaher Garten ist die beste Garantie für ein vielfältiges Vogelleben.

Ein Gartenteich bringt Leben in unsere Umgebung und lockt Vögel an.

Der Einsatz dafür kommt nicht nur den Vögeln, sondern auch unseren Kindern, uns allen zugute. Auch hier zeigt sich wieder, dass jeder Artenschutz letztlich in einen umfassenden Natur- und Umweltschutz münden muss, wenn er wirksam sein soll. Unabhängig davon wird jeder naturliebende Gartenbesitzer aber zunächst einmal »vor der eigenen Haustür kehren«, im eigenen Wirkungsbereich beginnen. Das ist aus doppeltem Grund sinnvoll. Erstens: Hier können wir ohne viel zu fragen und viel zu organisieren unmittelbar tätig werden. Zweitens: Durch unser Beispiel können wir Nachbarn und vielleicht sogar Gemeindeverwaltungen eher dazu bringen, in gleicher Richtung tätig zu werden, als durch theoretische Vorträge über den ökologischen Nutzen dieser oder jener Bepflanzung und Gestaltung.

Strukturen

Wer neu gebaut hat, steht ja meist vor einer Wüste, was das Grundstück betrifft. Nur bei großen Grundstücken und rücksichtsvollen Baufirmen lässt sich vermeiden, dass die Baugrube den größten Teil des Geländes, wenn nicht, wie beim Bau von Tiefgaragen, das ganze Grundstück, verschlingt. Wenn nun aber schon einmal der Boden großflächig aufgerissen ist, sollte man sich, bevor alles wieder »planiert« wird, Gedanken darüber machen, ob nicht ein gewisses Bodenrelief zu jener Vielseitigkeit der Lebensbedingungen beitragen kann, die Voraussetzung für eine reiche Vogelwelt ist.

Immerhin sagt uns schon der gesunde Menschenverstand, dass jede Erhöhung im Gelände ein wenig trockener und jede Vertiefung ein wenig feuchter sein wird als die ebene Fläche am gleichen Ort. Die ökologischen Bedingungen eines flachen Geländes lassen sich also durch eine Mulde und einen Hügel bereits verdreifachen. Und wenn wir diesen Effekt noch verstärken wollen, dann erschaffen wir den Hügel aus wasserdurchlässigem Material, wie Kies und Sand, und die Mulde aus wasserstauendem Material, wie Lehm oder Teichfolie. Eine Sache des natürlichen Geschmacks und Augenmaßes ist es, wie groß, wie hoch und wie tief solche Bodenmodellierungen sein können. Maulwurfshügel und Bombentrichter sind eher peinlich. Mit Erhebungen und Vertiefungen im Bodenrelief sind die Möglich-

keiten, abiotische Strukturen und damit ein Grundgerüst an ökologischer Vielfalt zu schaffen, noch keineswegs erschöpft. Ohne in Details zu gehen, sei hier nur an so vielseitig von Pflanzen und Tieren nutzbare Kleinlebensräume wie Natursteinmauern erinnert. Auch sie sollten sich harmonisch ins Gelände einfügen, eventuell als steiler Übergang vom Hügel zur Mulde, oder freistehend als Begrenzung zwischen Terrasse und Garten. Der Wert solcher Mauern liegt einerseits in ihren vielerlei Hohlräumen, die von Tieren genutzt werden, und in der Möglichkeit der Besiedlung durch Pflanzen andererseits. Darum dürfen die

Steine nur aufgeschichtet, nicht aber vermörtelt werden. Da und dort ein wenig Erde zwischen den Steinen erleichtert die Ansiedlung von Farnen und zierlich blühendem Zimbelkraut, ohne Eidechsen und Blaumeisen Unterschlupf und Nistplatz streitig zu machen.

Mit Steinen, ein wenig Bodenrelief und Wasser können wir unserem Garten also bereits eine gewisse Strukturvielfalt geben, noch bevor die ersten Pflanzen darin Einzug gehalten haben. Da aber die meisten Leser eher über die Möglichkeiten nachdenken werden, wie sie einen bereits vorhandenen Garten für Vögel attraktiver ma-

chen können, will ich mich hier nicht ausführlicher auf den Bau von Gartenteichen und Natursteinmauern einlassen; dafür gibt es eigene Literatur.

Immerhin sollte hier der Hinweis auf Stein- und Reisighaufen sowie auf Vogeltränken nicht fehlen, mit denen man auch in bestehenden Gärten die Lebensraumvielfalt auf einfache Weise steigern kann. Ein Haufen grober Steine an sonnigem Ort kann zumindest teilweise die Funktionen einer Natursteinmauer ersetzen. Auch Reisighaufen oder Brennholzstapel können Vögeln und anderen Tieren wertvollen Schutz und Unterschlupf bieten.

Naturstein-Trockenmauern (ohne Mörtel) bieten Reptilien und Vögeln herrliche Lebensbedingungen.

Bäume und Sträucher

Abgesehen von den wenigen Felsbewohnern, die Mauern und Gebäude als Ersatzfelsen angenommen haben, kommen die meisten Gartenvögel aus Wäldern und baumbestandenen Heiden und Mooren. Das Geäst der Sträucher und Bäume ist ihr eigentlicher Lebensraum, in dem sie Schutz vor Wind und Feinden finden, in dem sie ihre Nahrung suchen, ihr Nest bauen und schlafen. Bäume und Sträucher sind darum im Vogelgarten die wichtigsten Elemente, ohne sie kann ein Garten höchstens kurzfristig einige Nahrungsgäste anziehen.

Die Auswahl der im Garten zu pflanzenden Gehölze ist daher von entscheidender Bedeutung für Zahl und Art der Vögel, die sie später bevölkern werden. Nun erfüllen Bäume und Sträucher, wie schon gesagt, recht unterschiedliche Funktionen im Leben eines Vogels. Schutz und Nahrung sind die wichtigsten, und die verschiedenen Gehölze erfüllen sie in unterschiedlichem Maße. Die wichtigsten Vogelgehölze sind solche, die möglichst viele Funktionen erfüllen. So bietet der Weißdorn mit seinem dichten, dornigen Geäst guten Schutz und Halt für Nester, seine Beeren werden von vielen Vögeln als Nahrung geschätzt, und das im Herbst abgeworfene Laub bildet eine an Kleinlebewesen reiche Humusschicht, in der nicht nur Amseln und Rotkehlchen gerne herumstochern.

So wichtig Sträucher und Hecken für ein reiches Vogelleben sind, viele Arten brauchen auch die Stämmigkeit und Höhe größerer Bäume, sei es als Niststandort oder als Nahrungsgrundlage. So sind alle kletternden Vögel, wie Spechte, Kleiber und Baumläufer, auf Stämme und kräftige Äste – darunter möglichst auch morsche – angewiesen. Der Zilzalp baut zwar sein Backofennest dicht überm Boden, sucht seine Nahrung aber am liebsten in den höchsten Baumwipfeln. Der Grauschnäpper brütet gerne in Gebäudenischen, startet seine Fliegenschnäpperei aber bevorzugt von hohen Ästen aus. Das Buchfinkenweibchen setzt sein aus Moos, Flechten und Tierhaaren fest gewobenes Nest am

➤ Tabelle heimischer Vogelgehölze

Name	Nistplatz	Nahrung	Fruchtreife	Schnitt
Apfelbaum	(■)	■	Aug–Dez	Quirlschnitt
Berberitze	(■)	■	Aug–Okt	Heckenschnitt
Himbeere	■	■	Aug–Okt	
Eberesche	■		Aug–Sep	
Elsbeere	■		Aug–Sep	
Erle	(■)	■	Sep–Okt	Stockschnitt
Esche	■		Juli–Okt	
Feldahorn	■	■	Sep–Okt	Heckenschnitt
Felsenbirne	■		Juli–Aug	Verjüngung
Hainbuche	■	■	Sep–Okt	Heckenschnitt
Hartriegel	(■)	■	Aug–Sep	Verjüngung
Haselnuss	(■)	(■)	Sep–Nov	Stockschnitt
Heckenkirsche	(■)	■	Juli–Sep	Rückschnitt
Heckenrose	■	■	Sep–Okt	Verjüngung
Holunder	(■)	■	Aug–Sep	Verjüngung
Kornelkirsche	(■)	■	Aug–Sep	Heckenschnitt, Verjüngung
Kreuzdorn	■	■	Sep–Nov	Schnitt
Liguster	■	■	Aug–Okt	Heckenschnitt
Mehlbeere	(■)	■	Sep–Okt	Schnitt
Pfaffenhütchen	■			Aug–Okt
Rotbuche	■	■	Sep–Nov	Heckenschnitt
Schlehe	■	■	Sep–Okt	Heckenschnitt
Traubenkirsche	(■)	■	Juli–Aug	Quirlschnitt
Wacholder	■	■	Sep–Okt	
Gewöhnlicher Schneeball	(■)	■	Sep–Okt	Rück- und Quirlschnitt
Weißdorn	■	■	Sep–Okt	Heckenschnitt
Wolliger Schneeball	(■)	■	Aug–Sep	Quirlschnitt

liebsten hoch auf einen kräftigen Ast. Grünfinken brauchen die hohen Wipfel als Start- und Landeplatz für ihre gesanglich untermalten Revierflüge. Kurzum, ohne höhere Bäume geht es kaum. Was man tun kann, wenn im Kleingarten der Platz für Linde oder Ahorn, Birke oder Erle, Vogelbeere oder Buche nicht reicht, darauf wurde bereits weiter vorne hingewiesen.

Die meisten der am Haus und im Garten brütenden Vogelarten bevorzugen Laubbäume und (beerentragende) laubwerfende Sträucher. Viele Vögel wissen aber auch den Schutz dichter Nadelgehölze als Niststandort zu schätzen. Mehr oder weniger angewiesen auf Koniferen sind aber von den 30 häufigsten Gartenvögeln nur 3: Heckenbraunelle, Tannenmeise und Türkentaube.

Wildstauden

Heimische Sträucher wie der Weißdorn bieten Vögeln Schutz und Nahrung.

Bäume und Sträucher geben dem Garten die entscheidende Struktur, nicht nur fürs Auge, sondern auch fürs Vogelleben. Welche Tierwelt sich schließlich einstellt und wohl fühlt in Ihrem Garten, hängt aber von vielen weiteren Details und, wie gesagt, von der Umgebung ab. Zu den wichtigen Details der Vegetation gehören neben den Gehölzen die Stauden.

Der Unterschied zwischen einem gut getrimmten Rasen, einer blühenden Wiese und einem Dickicht etwa aus Brennnesseln, Disteln, Wasserdost und Goldrute fällt sofort ins Auge. Weniger augenfällig sind die Unterschiede der Kleintierwelt dieser drei Varianten der Krautschicht. Allein die Zahl der Insektenarten dürfte in Blumenwiese und Wildstaudendickicht etwa zehn- bis zwanzigmal so hoch liegen wie auf der Rasenfläche. Hinzu kommen Spinnen, Asseln, Tausendfüßer, Schnecken und vieles mehr, was Vögeln als Nahrung und Futter für die Jungen dienen kann. Die

Hochstauden bieten darüber hinaus (so man sie nicht abschneidet) im Herbst und Winter ihre Samenstände zur Nahrung an. Stieglitze (Distelfinken), Meisen und Zeisige lieben sie besonders und fallen oft in bunten Scharen über sie her.

Hochstauden, zu denen auch viele Gartenblumen gehören, sind aber nicht nur Nahrungsquelle für Vögel, sie bieten auch Schutz. So flechten Grasmücken und Sumpfrohrsänger – beides ausgezeichnete Sänger – gerne ihre Nester

Kletterpflanzen machen aus toten Hauswänden begehrte Nist- und Nahrungsplätze für Vögel (Grünfink in Wildem Wein).

zwischen die festen Stängel von Brennnesseln und nutzen den Schutz ihrer Brennhaare, ohne selbst davon behelligt zu werden.

Kletterpflanzen am Haus

Für Gebäudebrüter, wie Mauersegler, Mehl- und Rauchschwalbe, Bachstelze, Hausrotschwanz, Grauschnäpper und Haussperling, kann man Häuser und Nebengebäude durch Nischen und Luken zu idealen Nistplätzen machen. Durch Kletterpflanzen

werden kahle Mauern nicht nur hübscher, sondern auch für viele weitere Vogelarten als Brutplatz attraktiv. Selbstklimmende Arten wie Efeu und Jungfernrebe (auch Dreispitziger Wilder Wein genannt – *Parthenocissus tricuspidata*) bieten allerdings erst nach einigen Jahren genügend Halt für ein Amsel- oder Grünfinkennest. Ihre Beeren werden aber schon vorher geschätzt. Mehr Nistgelegenheiten bieten Spaliere, die all jene Kletterpflanzen brauchen, die ranken, aber nicht ohne weiteres an glatten Wänden klettern

können. Das von der Wand etwas abstehende Gerüst, das solche Pflanzen brauchen, bietet im Schutz der grünen Hülle einen sehr beliebten, von Katzen und Mardern ziemlich unbehelligten Nistplatz.

Vogelfreundliche Gartenpflege

Neben Gestaltung und Bepflanzung des Gartens spielt die Art und Weise, wie man ihn pflegt und nutzt, eine entscheidende Rolle bei der Frage, wie attraktiv

er als Lebensraum für Vögel sein kann. Da die meisten Vögel, auch wenn sie im Winter Vegetarier sind, zur Brutzeit zumindest ihre Jungen mit Insekten, deren Larven und kleinem Bodengetier ernähren, meist aber auch selbst davon leben, müssen wir bemüht sein, unseren Garten für möglichst viele Pflanzen und Tiere zu einem Paradies werden zu lassen oder zu machen.

Beginnen wir mit dem Bodenleben, das viel reichhaltiger und als Nahrungsquelle für Vögel viel ergiebiger ist, als wir uns das im allgemeinen vorstellen können. Hier sind am großen und wichtigen Werk der Kompostierung organischer Abfälle in erster Linie die unsichtbaren Massen von Bakterien und Pilzen beteiligt. Da aber auch Unmengen von Bakterien sich schwer tun mit so massiven Dingen wie Ästen, Stängeln oder ganzen Tierkadavern, sind ihnen oft komplexe Nahrungsketten vorgeschaltet, und das sind die Bodentiere, die als Nahrung für Vögel von erheblicher Bedeutung sind: Das reicht von holzfressenden Käferlarven und fetten Regenwürmern bis hin zu kleinen Milben und Springschwänzen. Daneben findet sich eine Vielzahl von Tausendfüßern, Asseln, Fliegen- und Mückenlarven – eine ziemlich bizarre Unterwelt von uns meist wenig sympathisch erscheinenden Gestalten.

Dieses geheimnisvolle Leben des Bodens kann sich aber nur dort

Laub unter Hecken und Bäumen garantiert ein reiches Angebot an tierischer Nahrung für Vögel.

in aller Fülle entfalten, wo diese Organismen das finden, was sie seit Jahrmillionen gewohnt sind. Wenn wir ständig im Boden herumwühlen, im Herbst die nährende und schützende Schicht des gefallenen Laubs, der abgestorbenen Kräuter und Gräser entfernen und den Boden nackt dem Winter aussetzen, dann dürfen wir uns nicht wundern, wenn sich das Wunder des Bodenlebens nicht entfalten kann, wenn unser Garten im nächsten Frühjahr stumm und vogelleer bleibt.

Natürlich müssen manche Flächen im Garten ohne Rücksicht auf Boden- und Vogelleben gepflegt und genutzt werden – sonst wäre es kein Garten. Rasenflächen müssen gemäht und im Herbst teilweise auch vom Falllaub befreit werden, Blumen- und Gemüsebeete müssen von wild wuchernder Konkurrenz frei

gehalten werden. Die dabei entstehenden »Abfälle« sollte man aber wo immer möglich als Bodenabdeckung (Mulch) auf Beeten oder unter Sträuchern und als Baumscheiben unter Bäumen verwenden, zumindest aber kompostieren, in jedem Fall also dem Stoffkreislauf des Gartens erhalten – und nicht in Plastiksäcken »entsorgen«.

Es sollte aber immer auch einige Ecken und Flächen im Garten geben, wo alle pflanzlichen Abfälle einfach liegen bleiben, alle Stauden und Kräuter einfach fruchten und an Ort und Stelle vergehen dürfen. Die Samen vieler Gräser, Wildstauden und auch Zierpflanzen sind vom frühen Sommer bis in den Herbst und Winter für manche Vogelarten eine unverzichtbare Nahrung, und was übrig bleibt, nährt ein reiches Bodenleben, von dem wieder andere Vögel sich ernähren.

NISTHILFEN

Der ursprüngliche Lebensraum der meisten Gartenvögel – wenn man von den aus Felslandschaften stammenden Gebäudebrütern absieht – sind Wälder oder baumreiche Offenlandschaften. Nun sahen diese Baumlandschaften aber über viele Jahrmillionen – in denen sich die Vögel den Lebensbedingungen angepasst haben – ganz anders aus als die vom Menschen beeinflussten Landschaften, mit denen Vögel in Mitteleuropa erst seit etlichen Jahrhunderten konfrontiert sind. Ein ganz wesentlicher Unterschied zwischen den ursprünglichen und den heutigen Wäldern und Baumlandschaften besteht in ihrem Totholzanteil. Da in einem natürlichen Baumbestand alles Holz im Wald bleibt, fällt Totholz hier stets in gleicher Menge an, wie lebendes Holz nachwächst; einmal als stehendes Totholz (dürre Äste an lebenden Bäumen und tote Bäume) und zum andern als am Boden liegendes Totholz.

Für viele Vogelarten ist besonders das stehende Totholz ein wesentlicher Teil ihres Lebensraumes. Es bietet ihnen nicht nur reiche Nahrung – fette Käferlarven und eine Vielfalt anderer Insekten und Kleintiere – sondern auch Schutz durch natürliche oder ausgebaute

Höhlungen. In erster Linie sind es natürlich die verschiedenen Spechte, die aufs engste mit dem Totholz verbunden sind. Darüber hinaus gibt es aber viele Vogelarten, die ebenfalls von Totholz als Nahrungsquelle und/oder vom Schutz seiner Höhlen profitieren. Manche Arten, wie etwa Enten, Käuze, Hohltauben, Dohlen (dazu viele Fledermausarten und Kleinsäuger, von der Haselmaus bis zum Baummarder), benutzen gerne die natürlichen oder von Spechten gezimmerten

Höhlen zur Aufzucht ihrer Jungen, als Schlaf- oder Winterplatz, ohne an der Nahrungsquelle des Holzes interessiert zu sein. Andere, wie Kleiber, Baumläufer, Fliegenschnäpper oder Meisen, wissen wie die Spechte beides zu schätzen, Schutz und Nahrung des toten Holzes.

Nun gibt es in Mitteleuropa kaum noch natürliche Wälder oder Baumbestände. Längst bevor die Bäume ein Alter erreichen, in dem sie astweise oder im Ganzen absterben, werden sie in

Star füttert am Nistkasten.

Alte, halb vermoderte Baumstämme bieten Vögeln Nahrung und Wohnung.

Boden

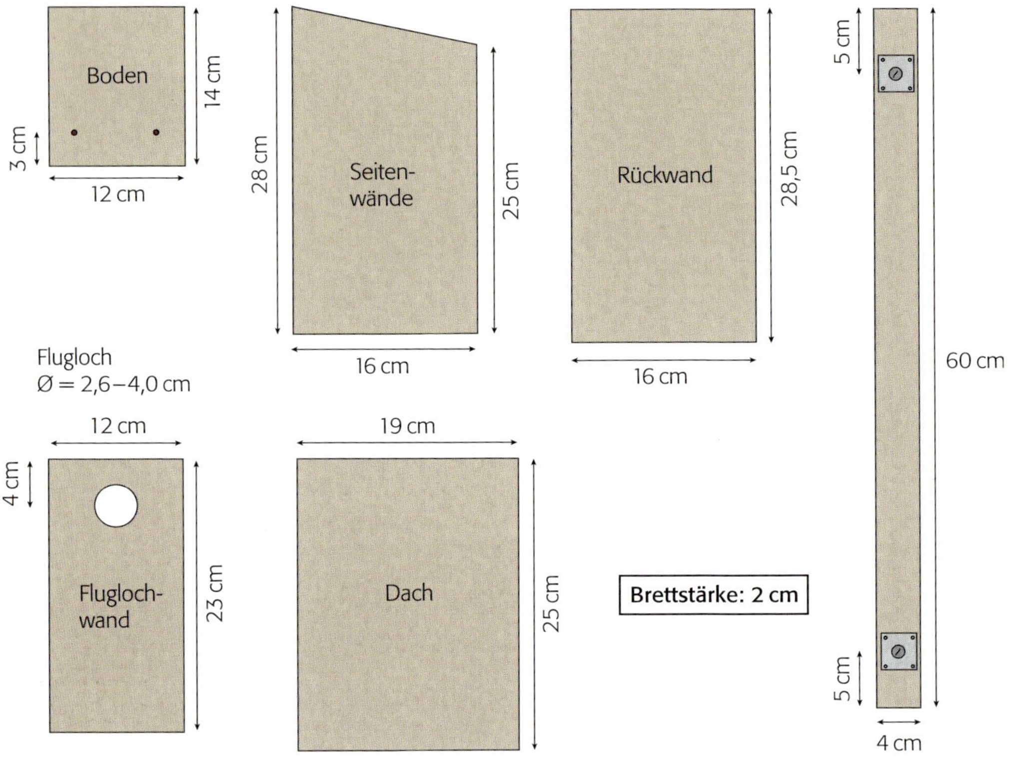

14 cm

3 cm

12 cm

28 cm

Seiten-
wände

25 cm

16 cm

Rückwand

28,5 cm

16 cm

5 cm

60 cm

Flugloch
Ø = 2,6–4,0 cm

12 cm

4 cm

Flugloch-
wand

23 cm

19 cm

Dach

25 cm

Brettstärke: 2 cm

5 cm

4 cm

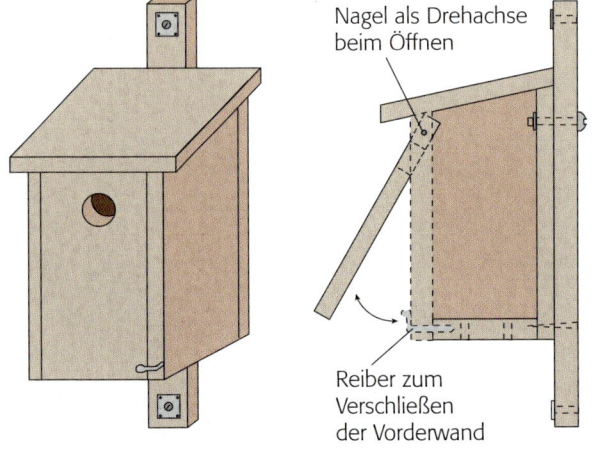

Nagel als Drehachse
beim Öffnen

Reiber zum
Verschließen
der Vorderwand

Der für die meisten kleineren Höhlenbrüter passende Nistkasten ist auch
ohne Spezialwerkzeuge leicht zu bauen.
Wer keine Lochsäge für das Flugloch
hat, kann auch ein quadratisches Loch
mit der Stichsäge machen. Ob die
Vorderwand klappbar (wie in unserem
Beispiel) oder abnehmbar ist, spielt
keine Rolle. Alle Maße können beliebig
variiert werden. Der Boden wird mit
2 kleinen (etwa 5 mm Durchmesser)
Ablauflöchern versehen.

> Maße und Bewohner verschiedener Nistkastentypen (vgl. Text)

	Innendurchmesser	Höhe Flugloch-Boden	Durchmesser Flugloch
Kleinvögel	12–14 cm	15–20 cm	26–40 mm
Stare u.a.	14–16 cm	20–25 cm	45–50 mm
Eulen u.a.	20–25 cm	25–35 cm	110–120 mm
Halbhöhlenbrüter	12–14 cm	10–12 cm	halbe Wand

aller Regel als Nutzholz gefällt. Dadurch sank der (stehende) Totholzanteil von 20–40% auf 0–2% – und mit ihm verschwanden ganze Lebensgemeinschaften von Pilzen, Insekten und Vögeln. Von den 9 in Mitteleuropa heimischen Spechtarten sind die meisten so selten geworden, dass man ihnen nur noch – mit viel Glück – in entlegenen Bergwäldern oder Naturschutzgebieten begegnen kann; nur der Buntspecht, als anpassungsfähiger Alleskönner, konnte sich bis heute einigermaßen über die Runden bringen. Viele der anderen Totholzfreunde sind mehr oder weniger rar geworden. Manche, wie etliche Fledermäuse, die nicht nur die Baumhöhlen, sondern auch den Insektenreichtum natürlicher Wälder vermissen, haben sich schon aus der heimischen Fauna verabschiedet oder stehen kurz vor dem Aus.

Aus solchen Überlegungen können wir bereits wichtige Rückschlüsse im Hinblick auf die Frage ziehen, welchen ökologischen Zweck künstliche Nisthöhlen haben und was damit erreicht oder nicht erreicht werden kann. Da sie nur eine Funktion des Totholzes erfüllen, können sie all jenen Arten nicht viel nützen, die außerdem auf Totholz als Nahrungsquelle angewiesen sind. So scheiden die meisten Spechte als Nutznießer künstlicher Bruthöhlen aus. Für viele der übrigen Höhlenbrüter haben sich Nistkästen aber sehr bewährt, für manche von ihnen sind sie geradezu der dünne Faden, an dem ihre Existenz in unserem Lande hängt.

Nisthöhlen

Bevor ich Ihnen einige Tipps zum Bau oder Kauf von verschiedenen Nistkastentypen gebe, möchte ich noch einmal auf eine Binsenwahrheit hinweisen: Im natürlichen Lebensumfeld der Vögel gibt es keine normierten Maße, sondern eine Vielfalt von Möglichkeiten, an die sich die Tiere mit großer Flexibilität anzupassen wissen. Form und Größe der Nisthöhle sind oft viel weniger wichtig als Standort und Schutz vor Nesträubern. Denken Sie nur an die verschiedenen natürlichen Höhlen, in denen Vögel in der Natur brüten: Das reicht von Erdlöchern, Mauerlücken, Felsspalten bis hin zu den verschiedenen Baumhöhlen. Da ist kaum eine wie die andere. Wählerisch werden viele Vögel erst dann, wenn sie ein Überangebot vorfinden. Also sollten wir vielleicht mehr auf den besten Platz als auf das genaue Maß eines Nistkastens achten.

Um die Vielfalt der heute im Fachhandel erhältlichen und in mannigfacher Form selbst zu bauenden Nistgeräte etwas übersichtlicher zu machen, will ich ihre wichtigsten Funktionen und Maße in einer Tabelle zusammenfassen.

Zu den Kleinvögeln, die gerne Vollnistkästen in kleinerer Ausführung beziehen, gehören: Gartenrotschwanz, Trauerschnäpper, alle Meisen, Kleiber, Feldsperling und gelegentlich auch der Zaunkönig. Mit sehr kleinen Fluglöchern (26–28 mm) kann man die kleinsten Arten, etwa Blau-, Sumpf-, Tannen- und Haubenmeisen, vor der Konkurrenz durch größere Höhlenbrüter (Kohlmeise, Kleiber, Gartenrotschwanz, Trauerschnäpper, Star) bewahren; sie benutzen aber ebenso gerne Kästen mit größeren Fluglöchern.

Zu den Bewohnern von Starenkästen gehören neben dem Star auch Wendehals und Kleiber (der gerne überdimensionale

Sperlinge stopfen ihre Bruthöhlen mit Nistmaterial voll, als müssten sie arktischen Temperaturen trotzen.

Kästen bezieht). Allgemein kann man sagen: Nistkästen mit Fluglochweiten über 30–35 mm sind universeller und werden daher mit größerer Sicherheit angenommen als Kästen mit kleineren Löchern. Ein Blech mit entsprechender Öffnung hindert Spechte, das Flugloch aufzumeißeln.

In den großen Kästen mit Flugloch-Durchmessern von über 10 cm brüten vor allem Waldkauz, Hohltaube und Dohle, gelegentlich auch der Steinkauz und in manchen waldreichen Gegenden zwei kleine Käuze: Raufuß- und Sperlingskauz. Auch Waldohreulen benutzen nicht nur alte Krähen- und Bussardhorste, sondern manchmal auch solche Kästen. In der Nähe von Gewässern werden Großkästen – je nach Gegend – auch von höhlenbrütenden Enten (Stockente, Schellente, Gänsesäger) angenommen. Ihre Jungen gehören – wie eingangs gesagt – zu den Nestflüchtern, die bereits kurz nach dem Schlüpfen das Nest verlassen. Den Sturz aus mehreren Metern Höhe überstehen die Küken ohne Schaden, aber vom Kastenboden zum Flugloch gelangen sie nur, wenn der Abstand nicht gar zu groß ist (15–20 cm).

Zu den Halbhöhlenbrütern gehören: Bachstelze, Zaunkönig, Rotkehlchen, Hausrotschwanz, Grauschnäpper und Haussperling – wobei die Art der Belegung sehr vom Standort abhängt. Da solche Höhlen für Nesträuber leicht zugänglich sind, muss man aber nicht nur für einen artgemäßen, sondern auch für einen möglichst sicheren Standort sorgen; am sichersten sind Halbhöhlen an einer hohen Gebäudewand unter einem Dachvorsprung.

Alle bisher genannten Kästen können im Eigenbau rechteckig oder dreieckig gebaut werden. Bei Dreieckskästen kann man sich das Bohren des Fluglochs sparen, indem man die obere Spitze der Vorderwand kappt. Das Dach sollte etwas überstehen, damit kein Regen eindringen kann; einige kleine Bohrlöcher im Boden leiten dennoch eingedrungenes Wasser ab. Die Vorderwand oder eine der Seitenwände sollte zu öffnen sein, um den Kasten kontrollieren und reinigen zu können. Eine Sitzstange vor der Wohnung braucht nur der Star, der sein Lied gern vor der Haustür pfeift. Spezielle Nistkästen gibt es für: Baumläufer, Mauersegler, Wasseramsel, Steinkauz, Turmfalke, Schleiereule und Stockente. Schwalben, die heute oft Schwierigkeiten haben, Pfützenlehm für den Bau ihrer Nester zu finden, kann man Kunstnester aus Beton anbieten.

Für den vogelfreundlichen Häuslebauer gibt es Nisthöhlen als Einbausteine, die sich besonders für (ehemalige) Felsbrüter wie Mauersegler, Bachstelze, Hausrotschwanz, Haussperling gut eignen. Das sind rechteckige Nisthöhlen aus Holzbeton, die man beim Hausbau in die Wand einmauern kann. Sie eignen sich auch besonders gut zur Beobachtung des Brutgeschehens, wenn man die Rückwand mit einer abdeckbaren Glasscheibe versieht (siehe Bezugsadressen, S. 123.) .

Schließlich sollten wir uns auch Gedanken machen über Brutmöglichkeiten für die so genannten Freibrüter, die ihre Nester frei im Geäst bauen. Zu ihnen gehören viele gute und eifrige Sänger wie Mönchsgrasmücke, Amsel, Gelbspötter, Zilzalp,

Die verschiedensten Nistgeräte werden auf dem Markt angeboten.

Buchfink, Girlitz, Grünling, Stieglitz und Gimpel. In den meisten Gärten werden sie – vor lauter Nistkasten-Begeisterung – ein bisschen vernachlässigt.

Der richtige Standort

Wie schon angedeutet, sind oft nicht die genauen Maße einer Nisthilfe für den Erfolg entscheidend, sondern wie und wo sie angebracht wird. Auch dem Schutz vor Nesträubern wird oft zu wenig Aufmerksamkeit geschenkt. Was nützt es, wenn Nistkästen zwar prompt bezogen werden, Gelege oder Nestlinge aber regelmäßig Mardern, Eichhörnchen, Katzen, Spechten oder Elstern als Frühstück dienen?

Wie aus den Artbeschreibungen ersichtlich, suchen die verschiedenen Vogelarten nicht nur in verschiedenen »Nischen« des Lebensraums ihre Nahrung, sondern sie bevorzugen auch ganz bestimmte Orte oder Strukturen als Nistplatz. Nahrungsplatz und Nistplatz können sich durchaus unterscheiden. So brütet der Mäusebussard in Wäldern, jagt aber auf Wiesen und Feldern. Wenn wir also ein Pärchen Bach-

stelzen oder Hausrotschwänze anlocken wollen, dann müssen wir die dafür vorgesehenen Halbhöhlen an ganz anderen Stellen anbringen, als wenn wir damit Rotkehlchen oder Zaunkönig verführen wollen. Darum ist es wichtig, sich mit den Lebensgewohnheiten der Vögel zu beschäftigen, die man besonders fördern möchte.

Von den Lebensgewohnheiten hängt es auch ab, in welcher Höhe die Nistkästen anzubringen sind. Während Rotkehlchen und Zaunkönig in den unteren, gut versteckten Etagen zu Hause sind, von Bodennähe bis höchstens

1 m darüber, bevorzugen Hausrotschwanz, Grauschnäpper und Haussperling höhere Lagen an Gebäuden mit freiem Anflug. Die meisten anderen kleinen Höhlenbewohner (Meisen, Kleiber, auch Bachstelzen) sind ziemlich flexibel, was die Höhe anlangt. Die Bewohner großer Höhlen (außer der anpassungsfähigen Stockente) ziehen ganz allgemein Kästen in 4-6 m Höhe (oder mehr) vor und brauchen mehr oder weniger freien Anflug.

Neben den speziellen Bedürfnissen der einzelnen Arten gibt es aber auch einige für alle gültige Regeln. So sollte man Nistkästen nicht an Stellen anbringen,

- die lange praller Sonne ausgesetzt sind,
- wo Wind und Regen freien Zugang zur Flugöffnung haben,
- wo Katzen und Marder leichtes Spiel haben,
- wo sie frei im Wind schaukeln.

Zu den allgemeinen Regeln gehört auch, dass Kleinvögel ihre Nester selber bauen, also am liebsten völlig leere (und von Ungeziefer freie) Bruthöhlen beziehen. Darum sollte man die Kästen nach dem Ausfliegen der Brut möglichst gleich (für Zweitbruten), spätestens aber im Herbst ausräumen und wo nötig mit Wasser oder Feuer (Camping-Gasbrenner) von Parasiten reinigen. Verwenden Sie aber keine giftigen Sprays. Die großen Nistkästen können mit einer nicht zu dicken Schicht Hobelspänen,

Sägemehl und/oder Sand für ihre potenziellen Benutzer attraktiver gemacht werden.

Zur Befestigung der Kästen an Baumstämmen sollten Sie Aluminium-Nägel verwenden, da sie dem Baum nicht schaden, sich leichter wieder herausziehen lassen und – falls sie doch einwachsen – das Sägeblatt Ihrer Kreissäge nicht ruinieren, wenn das Holz verarbeitet wird.

Die Zahl der aufzuhängenden Nistkästen ist praktisch unbegrenzt. Wenn es Sie aus Gründen der Ästhetik nicht stört, sollten Sie lieber einige zu viel als zu wenig aufhängen. Schon deswegen, weil viele Vögel 2 oder 3 Bruten machen, dafür aber ungern die gleiche Brutstätte verwenden. Revierstreitigkeiten finden im Allgemeinen nur zwischen Individuen derselben Art

statt, bei ausreichendem Nahrungs- und Nistplatzangebot aber auch dann nicht immer. Arten mit unterschiedlichen Ansprüchen tolerieren sich auch auf engem Raum; sogenannte »Räuber« gehen meist im weiteren Umkreis auf die Jagd und lassen die nähere Umgebung ihres Brutplatzes unbehelligt.

Die beste Zeit zum Aufhängen neuer Nistkästen ist der Herbst. So können sie den Winter über auswittern und vielleicht noch als Quartier in kalten Nächten dienen.

Nisthilfen für Freibrüter

Entscheidend für alle im Geäst nistenden Vögel sind drei Bedingungen: Das Nest braucht einen festen Halt, Sichtschutz vor

Eine Halbhöhle für den Grauschnäpper muss hoch an Gebäuden aufgehängt werden.

Nisthilfen der besonderen Art sind für Weißstorch und Fischadler nötig.

Luftangriffen und möglichst Schutz vor Bodentruppen. Darum werden von vielen Arten (Türkentaube, Heckenbraunelle, Amsel, Girlitz, Grünling, Gimpel, Kernbeißer) dichte, oft immergrüne Bäume, Sträucher und vor allem Schnitthecken bevorzugt als Nistplatz gewählt. Ihnen kann man zu einem festen Bauplatz verhelfen, indem man senkrechte Triebe von Laub- und Nadelhölzern einkürzt; die nachwachsenden Triebe bilden dann oft einen Quirl, der sich zum

Nestbau bestens eignet – wenn er genügend geschützt steht. Besonders beliebt sind Dornsträucher wie Weiß- und Schwarzdorn, weil sie gute Quirle bilden und Katzen durch ihre Dornen abhalten. Aber auch Schnitthecken aus Liguster, Hain- und Rotbuche und Immergrünen bieten meist alle drei Bedingungen. Näher dem Boden brütende Arten, wie Zaunkönig, Rotkehlchen und Grasmücke, verstecken ihre Nester gern im Schutz von dichtem Brombeergeranke und

Brennnesselgestrüpp oder in Reisighaufen.
Eine gute Nisthilfe können auch aufrecht, hängend oder als Tasche an Baumstämme gebundene Reisigbüschel sein. Auch zusammengebundene lebende Zweige – ein etwas barbarisches Verfahren – bieten gute Nestunterlagen.

STECKBRIEFE DER ARTEN

Welche Arten werden im Folgenden vorgestellt?

In Mitteleuropa brüten rund 240 Vogelarten. Davon eine Auswahl von nur knapp 30 Prozent zu treffen, fällt verständlicherweise schwer. Autor und Verlag haben sich Mühe gegeben, zumindest aus den wichtigen Gruppen jeweils mindestens einen Vertreter einzubeziehen, Arten mit besonders merkwürdigen Fortpflanzungseigenschaften (z.B. Beutelmeise) und natürlich die bekanntesten Vogelarten aufzunehmen. Leider mussten wir darauf verzichten, so interessante Brutvögel wie die im deutschen Sprachgebiet nur auf Helgoland brütenden Klippenbrüter (Eissturmvogel, Basstölpel, Trottellumme, Tordalk, Dreizehenmöwe) oder die nur in den Alpen heimischen Arten (Steinadler, Raufußhühner, Mauerläufer) in Text und Bild vorzustellen. Schmerzlich ist es auch, dass man von den bei uns brütenden Feldhühnern nur noch den zu Jagdzwecken importierten Fasan als allgemein bekannt voraussetzen darf, da Rebhuhn und

Wachtel allzu selten geworden sind.

Die Reihenfolge der vorgestellten Vogelarten hält sich im Wesentlichen an die heute übliche Systematik, die mit den Tauchern beginnt und mit den Ammern endet. Da und dort haben wir die systematische Reihenfolge (die dem Laien ohnehin nur bedingt einleuchtet) zugunsten bestimmter Ähnlichkeiten ein wenig umgestellt. Trotzdem ließ es sich manchmal nicht vermeiden, dass auf einer Doppelseite zwei Arten zusammentreffen, die wenig miteinander verbindet.

Wer sich weitergehend über Nester, Eier und Jungvögel mitteleuropäischer Vogelarten informieren möchte, dem sei das im Literaturverzeichnis angegebene Buch von C. Harris empfohlen.

Appell an die Moral

Zum Schluss dieser allgemeinen Einführung liegt es Autor und Verlag am Herzen, alle Leser an die persönliche Verantwortung zu erinnern, die heute jeder Naturfreund trägt, der sich wandernd, Sport treibend, beobachtend, fotografierend, filmend, tonaufzeichnend – oder gar jagend oder fischend, als Bauer oder Förster, als Ingenieur oder Architekt in der Natur betätigt. Wir möchten auch darauf hinweisen, dass die

Naturschutzgesetze jede mutwillige Störung von Wildtieren, auch außerhalb von Naturschutzgebieten, und besonders die Aneignung lebender oder toter Wildtiere (wozu auch deren Eier gehören) unter Strafe stellt. Erfreulicherweise haben aber nicht Strafen, sondern Liebe und Vernunft dazu geführt, dass sich Naturverständnis und Umweltbewusstsein der Menschen in Mitteleuropa in den letzten Jahren ganz wesentlich verbessert haben. Bereits Schulkinder wissen und spüren, dass Natur ein kostbares und vielfach rares Gut ist, mit dem man um seiner selbst und um der Mitmenschen und Nachkommen willen rücksichtsvoll, schonend und schützend umzugehen hat. Die Natur ist unsere materielle und psychische Lebensgrundlage. Sie gehört weder Grundbesitzern noch Pächtern, weder Nutzern noch Genießern. Jede Generation hat sie nur von der folgenden geliehen.

In der Obhut ihrer wehrhaften Eltern wachsen junge Vögel – hier Höckerschwäne – einigermaßen sicher heran.

Junge Haubentaucher suchen gern Zuflucht im Rückengefieder der Eltern.

Haubentaucher
Podiceps cristatus

➤ Aussehen
Leicht an rotbrauner Haube und weißem Hals zu erkennen.

➤ Vorkommen
Auf Seen in ganz Mitteleuropa. Teil- und Kurzstreckenzieher: Wandert im Winter teilweise in wärmere Teile Europas ab.

➤ Nest
Das schwimmende Nest wird von ♂ und ♀ meist am Röhrichtrand oder zwischen Teichrosen und anderer Schwimmblattvegetation aus Schilf- und Binsenstängeln sowie anderen Wasserpflanzen in Form eines breiten Hügels innerhalb einer Woche aufgeschichtet. Oft wird in größeren Kolonien genistet.

➤ Eier
Die 4 (2–6) länglichen Eier (53 x 36 mm) sind anfangs (bläulich) weiß, später durch das Nistmaterial braun.

➤ Brut
♂ und ♀ brüten gemeinsam, meist vom 1. Ei an. Beim Verlassen des Nestes ohne Partnerwechsel wird das Gelege mit Nistmaterial abgedeckt. Brutdauer: 25–29 Tage. Gelegentlich Zweitbruten.

Junge Haubentaucher tragen noch bis in den Winter die Streifenzeichnung am Kopf.

➤ Junge
Die an Kopf und Hals schwarzweiß gestreiften Jungen sind Nestflüchter, die sofort tauchen können und bald mit den Eltern vom Nest wegschwimmen, aber in deren Rückengefieder noch bis zu 3 Wochen lang Zuflucht suchen. Sie sind wohl schon mit 6–8 Wochen selbstständig, bleiben aber oft bis zu 12 Wochen im Familienverband, falls keine Zweitbrut ansteht.

➤ Förderung/Aufzucht
Keine Nisthilfe möglich. – Aufzucht nur an ausreichend großem Gewässer sowie mit Fischnahrung möglich.

➤ Nahrung
Kleine Fische, Insekten(-larven), Kleinkrebse, Kaulquappen usw.

Haubentaucher bauen verankerte Schwimmnester, was bei Hochwasser von Vorteil ist.

*G*raureiher
Ardea cinerea

➤ **Aussehen**
Großer grauer Stelzvogel mit weißem Hals und schwarzer Haube.

➤ **Vorkommen**
Brutvogel in ganz Europa, in
Italien und Spanien nur verein-
zelt; an Flüssen und Seen,
Nahrungssuche auch auf Wiesen.
Im Winter ziehen viele Graureiher
in wärmere Gebiete.

Hier haben die Reiher die Nestmulde
mit Kiefernnadeln gepolstert.

➤ **Nest**
Die Nestplattform wird aus Ästen
und Zweigen gewöhnlich auf
hohen Bäumen nahe dem Wasser errichtet. Die anfangs nur
dünne Unterlage wird bei mehr-
jähriger Benutzung immer mehr
zu einem stattlichen, sperrigen
Horst ausgebaut. Gelegentlich
stehen die Nester auch auf niedrigen Büschen, auf Klippen, am
Boden oder im Schilf; meist in
Kolonien. Das ♂ schafft das
Nistmaterial heran, das ♀ baut
es ein.

➤ **Eier**
Die 4–5 (3–8) länglichen Eier
(61 x 43 mm) sind hell grünlich-
blau.

➤ **Brut**
Alle 2 Tage wird 1 Ei gelegt, die
Brutdauer beträgt 25–28 Tage.

➤ **Junge**
Die Nesthocker tragen Dunen auf
der Oberseite und den Flanken,
auf dem Kopf bilden sie einen
borstigen Schopf. Der Schnabel
ist anfangs relativ kurz und stumpf.
Im Alter von 50–55 Tagen sind
sie selbstständig, verlassen aber
oft schon 1–2 Wochen vorher
das Nest und klettern in dessen
Umgebung herum. Beide Eltern
füttern.

➤ **Förderung/Aufzucht**
Direkte Nisthilfen sind kaum
möglich. – Mit kleinen Fischen
und Eintagsküken ist die Aufzucht
relativ einfach. Der ätzende und
stinkende Kot verlangt aber
besondere Unterbringung. Später

Graureiher nisten gerne in Kolonien
und errichten stattliche Baumhorste.

können Schnabelhiebe gefährlich
werden.

➤ **Nahrung**
Fische, Frösche, Mäuse, Insekten
und andere Wirbellose.

Den jungen Graureihern fehlen noch die Schmuckfedern am Kopf und die kräftige Schwarzweißzeichnung.

Das Storchenpaar mit Vierergelege auf einem alten Horst.

Weißstorch

Ciconia ciconia

➤ **Aussehen**
Großer weißer Stelzvogel mit schwarzen Schwingen; Schnabel und Beine rot.

➤ **Vorkommen**
Schwerpunkte des Brutgebietes Osteuropa und Spanien; fehlt in

Anfangs sehen die jungen Störche noch kläglich und verloren im großen Horst aus.

Großbritannien, Frankreich und Italien; brütet auf Bäumen und Gebäuden. Langstreckenzieher: Die östlichen Störche ziehen im Herbst über Kleinasien, die westlichen über Spanien bis Zentral- und Südafrika und kehren im März zurück.

➤ **Nest**
Der große Ast- und Reisighorst (90–150 cm Durchmesser, bis 2 m hoch) wird von ♂ und ♀ gebaut (Neubau in 8 Tagen).

➤ **Eier**
Die 3–5 (1–7) weißen Eier (71 x 51 mm) sind fein gekörnt und werden im Abstand von 2(–3) Tagen gelegt.

➤ **Brut:**
♂ und ♀ brüten abwechselnd 33–34 Tage. Junge: Die Nesthocker tragen ein weißes Dunenkleid und haben einen dunklen

Schnabel und gelbe Beine. An der Fütterung der Jungen beteiligen sich beide Partner; das Futter wird im Kehlsack herbeigeschafft und ausgewürgt. Miauende Bettelrufe. Mit 22 Tagen können die Jungen im Nest stehen, mit 55–60 Tagen sind sie flügge, werden aber noch 1–3 Wochen geführt.

➤ **Förderung/Aufzucht**
Durch entsprechende Nestunterlagen auf Gebäuden mit hohem freiem Stand können Störche manchmal auch in Gegenden angesiedelt werden, in denen sie nicht (mehr) vorkommen. – Die Aufzucht von Jungstörchen mit Eintagsküken, Fischen usw. ist relativ einfach, wenn man dafür sorgt, dass sie nicht zu nass und kalt werden. Sie werden zahm und bleiben auch frei fliegend ganz oder bis zum Wegzug am Ort der Fütterung.

➤ **Nahrung**
Mäuse, Insekten(-larven), Regenwürmer, Frösche u.Ä.

Kurz vor dem Ausfliegen erkennt man auch ohne Rot an Schnabel und Beinen schon den Weißstorch.

Höckerschwan
Cygnus cygnus

➤ **Aussehen**
Mächtiger weißer, halbwilder
Schwimmvogel mit langem Hals.

➤ **Vorkommen**
Brutvogel in ganz Mitteleuropa an
Seen, Teichen und langsam flie-
ßenden Flüssen. Teil- und Kurzstreckenzieher.

➤ **Nest**
Großer, bei wiederholter Benutzung mächtiger Bau aus Schilf
und anderen Pflanzenteilen in
oder am Wasser. ♂ baut, ♀
schafft Material herbei.

➤ **Eier**
Die 5–8 (4–11) fast symmetri-
schen Eier (113 x 72 mm) sind
graugrün, mit weißem Kalk-
überzug.

➤ **Brut**
Das ♀ brütet 35–41 Tage und
deckt das Gelege bei Verlassen
mit Dunen und Nistmaterial ab;
auch das ♂ deckt gelegentlich
die Eier.

Wenige Tage alte Schwäne ruhen sich gerne auf Mutters Rücken aus.

Eine feste Burg ist das Nest des
Höckerschwans.

➤ **Junge**
Die Nestflüchter tragen weiße
oder graue Dunen, Schnabel und
Füße sind dunkelgrau. Bereits
nach 1 Tag mit den Eltern auf
dem Wasser, anfangs aber oft
noch auf dem Rücken der Mutter; nachts oft am oder auf dem
Nest. Mit 120–150 Tagen sind
sie flügge, werden aber erst im
Spätherbst oder Winter aus dem
Revier vertrieben, oder ziehen
mit den Eltern ins Winterquartier.

➤ **Förderung/Aufzucht**
Durch Winterfütterung (Getreide,
Brot, Grünzeug) kann man
Schwäne anlocken oder am Ab-
wandern hindern. – Die Aufzucht
von Jungen ist mit gleicher Nahrung nicht problematisch, sofern
eine ausreichende Wasserfläche
zur Verfügung steht.

➤ **Nahrung**
Wasser- und Sumpfpflanzen,

Gewöhnlich sind junge Höckerschwä-
ne grau, es gibt aber auch weiße.

auch Landpflanzen werden gelegentlich abgeweidet oder
Getreidekörner aufgelesen.

Anders als bei Enten betreuen bei Gänsen Vater und Mutter die Jungen gemeinsam.

Graugans
Anser anser

➤ Aussehen
Eine große graue Gans mit rosa-orangen Beinen und gleichfarbigem Schnabel. Sehr ähnlich sehen Saatgänse (Kopf und Hals dunkler braun, Schnabel teilweise schwarz) sowie Kurzschnabelgänse und Blessgänse (weiße Stirn, dunkel gestreifter Bauch) aus.

➤ Vorkommen
Inselartig an Küsten und Seen in ganz Mitteleuropa; fehlt in Westeuropa. Im Norden brütende Gänse überwintern in Südeuropa, süddeutsche Populationen sind Standvögel.

➤ Nest
An unzugänglichen Stellen in der Nähe von Gewässern, oft etwas erhöht, aus lose zusammengelegtem Pflanzenmaterial; Mulde mit Dunen. Das ♀ baut allein, während das ♂ wacht.

➤ Eier
Die 4–9 (–12) Eier (86 x 59 mm) sind weißlich, später durch abfärbendes Nistmaterial gelblich.

➤ Brut
Das Gelege wird 27–29 Tage vom ♀ bebrütet, das ♂ wacht.

Warm und mollig legen Graugänse ihr Nest mit den eigenen Daunen aus.

➤ Junge
Die niedlichen Nestflüchter tragen ein gelbliches Dunenkleid, Schnabel und Füße sind dunkelgrau. Die Kinderschar wird von beiden Eltern geführt, die Familie kehrt anfänglich nachts oft zum Nest zurück. Mit 50–60 Tagen sind die Junggänse bedingt flugfähig, sie bleiben aber den Herbst und Winter über mit den Eltern zusammen und ziehen mit ihnen ins Winterquartier.

➤ Förderung/Aufzucht
Durch Winterfütterung mit Getreide, Brot und Grünzeug findet eine stärkere Ortsbindung statt. – Junge Wildgänse können wie Hausgänse aufgezogen werden.

➤ Nahrung
Land- und Wasserpflanzen, aber auch Wurzeln, Sämereien und Beeren.

Stockente
Anas platyrhynchos

➤ **Aussehen**
♂ mit grünlich schillerndem Kopf und kastanienbrauner Brust, ♀ unscheinbar bräunlich.

➤ **Vorkommen**
Brutvogel an den verschiedensten, auch kleinen Gewässern in ganz Europa. Teil- und Kurzstreckenzieher.

➤ **Nest**
Neststand sehr vielseitig, am Boden in dichter Vegetation, unter Reisighaufen und Wurzelstöcken, in Höhlen und Nistkästen, in alten Krähennestern, an und auf Gebäuden, meist nahe dem Wasser. Nest aus zusammengelegtem Pflanzenmaterial, später mit vielen Dunen.

➤ **Eier**
Die 7–11 (5–18) matt glänzenden Eier (58 x 41 mm) sind hell bräunlichgrün bis grünlich, auch gelblich oder oliv.

➤ **Brut**
Das ♀ brütet alleine; das ♂ hält sich anfangs oft noch in Nestnähe auf, zieht sich dann aber zur Mauser zurück. Beim Verlassen deckt das ♀ das Gelege mit Nestdunen zu. Brutdauer: 27–28 Tage.

➤ **Junge**
Nestflüchter. Gesicht und Unterseite des Dunenkleids sind bräunlichgelb, Oberseite und Augenstreif braun, Schnabel und Füße dunkelgrau. (Sehr ähnlich sehen die Jungen von Schnatterente,

Die Kinderschar der Stockenten-Mutter ist oft viel größer als auf diesem Bild.

Löffelente und Tafelente aus.) Sie verlassen nach 15–20 Stunden das Nest und werden von der Mutter geführt und anfänglich gehudert. Mit 50–60 Tagen sind sie flügge und selbstständig.

➤ **Förderung/Aufzucht**
Stockenten werden durch Fütterung (Getreide, Grünzeug) zu-

So offen lässt eine Stockente ihr Nest nur bei überstürzter Flucht zurück, sonst deckt sie das Gelege zum Schutz vor Eierräubern sorgfältig zu.

traulich bis zahm. Obstkisten mit etwas Heu am Boden in Gewässernähe, große Nistkästen oder Halbhöhlen an Bäumen oder Entenhäuschen auf Pfählen überm Wasser werden gerne als Nistplätze angenommen. – Junge Enten müssen sofort Wasser zum Schwimmen, anfangs aber auch einen trockenen, warmen Platz (Wärmelampe) haben. In einem Teich suchen sie sich selbst kleine Insekten, Kaulquappen usw.; zufüttern mit gekochtem und gehacktem Ei, mit Brennnesseln und angekeimtem Getreide.

➤ **Nahrung**
Vielerlei pflanzliche und tierische Organismen; schwankt jahreszeitlich stark; neben Wasserorganismen spielen auch Pflanzen und Kleintiere der Wiesen und Äcker eine bedeutende Rolle.

Hoch in einer Fichte hat der Habicht gewöhnlich seinen Horst.

Habicht
Accipiter gentilis

> **Aussehen**

♀ bussardgroß, ♂ wesentlich kleiner. Gefieder graufleckig, Flügel breit und kurz. Jungvögel oben dunkelbraun, unten hell roströtlich mit dunkelbraunen Flecken.

> **Vorkommen**

Brutvogel in ganz Europa, außer Großbritannien. Gewöhnlich Standvogel.

> **Nest**

Meist in der Krone hoher Waldbäume, Durchmesser 80–100 cm, später oft mit grünen Zweigen.

> **Eier**

Glanzlos weißlich bis hellbraun sind die 2–5 (1–6) Eier (58 x 44 mm), die im Abstand von 2–4 Tagen gelegt werden.

> **Brut**

Das ♀ wird während der 35–40 Tage dauernden Brut vom ♂ mit

Habichte verzieren (wie andere Greifvögel) gerne ihren Horst mit grünen Zweigen.

Futter versorgt und gelegentlich abgelöst.

> **Junge**

Das erste Dunenkleid der Nesthocker ist weiß, kurz und seidig, das zweite ist länger, pelziger und oberseits grau schattiert. Wachshaut und Füße sind hellgelb, die Iris ist grau. Auch nach dem Schlüpfen der Jungen bleibt das ♀ etwa 20 Tage ständig am Nest und verteilt die vom ♂ herbeigeschaffte Beute. Im Alter von 27–29 Tagen machen die Jungen Flugübungen, sind mit 35 Tagen voll befiedert und mit 40–43 Tagen gut flugfähig. Sie bleiben aber noch bis mehrere Wochen in der Umgebung des Horstes.

> **Förderung/Aufzucht**

Bei der Aufzucht junger Habichte ist anfangs auf genügend Wärme zu achten. Beim Futter ist ab der 2. Woche für genügend Ballaststoffe (Haare, Federn, kleine Knochen) zu sorgen, damit die Gewöllebildung angeregt wird. Für die Knochenbildung aller Greifvögel sollte man dem Futter grobes Knochenmehl und/oder Vitakalk beimischen. Generell sind Eintagsküken (aus Brutanstalten), Mäuse und Fische besser als Fleisch aus der Metzgerei. In den Wochen nach der Nestlingszeit und vor dem Freilassen ist ein genügend großer Raum für Flugübungen und das Schlagen lebender Beute nötig.

> **Nahrung**

Hauptsächlich Vögel und Kleinsäuger.

Mäusebussard
Buteo buteo

➤ **Aussehen**
Ein stattlicher, überwiegend bräunlicher Greifvogel, unterseits oft hell.

➤ **Vorkommen**
Brutvogel in ganz Europa; brütet in Wäldern und jagt auf Wiesen und Feldern. Im Nordosten Zugvogel, sonst Standvogel.

Der Mäusebussard baut einen stabilen Horst für die Jungenaufzucht.

Horst und Gelege des Mäusebussards.

➤ **Nest**
Auf hohen Waldbäumen errichten ♂ und ♀ den unterschiedlich großen Bau, oft schon 2 Monate vor Legebeginn; häufig werden alte Nester ausgebaut.

➤ **Eier**
Das Vollgelege besteht aus 2–3 (1–5) kurzovalen Eiern (56 x 45 mm), die auf hellem Grund violettgrau und bräunlich gefleckt sind. Die Eier werden im Abstand von 2–3 Tagen gelegt.

➤ **Brut**
Die Bebrütung beginnt nach dem 1. oder 2. Ei und dauert 32–36 Tage; es brütet hauptsächlich das ♀.

➤ **Junge**
1. und 2. Dunenkleid entweder reinweiß oder mausgrau, die Augen sind grau, Wachshaut und Beine hellgelb. Die ersten 14 Tage bleibt das ♀ fast ständig am Nest, das ♂ bringt die Beute. Nach 42–49 Tagen sind die Nestlinge flügge. Die Familie löst sich aber erst etwa 10 Wochen später auf – so lange werden die Jungen auch noch gelegentlich gefüttert.

➤ **Förderung/Aufzucht**
Durch Einrichten von Luderplätzen kann man Mäusebussarden in schneereichen Wintern helfen. – Aufzucht siehe Habicht.

➤ **Nahrung**
Hauptsächlich Mäuse.

Wenn die Jungen größer sind, wird es eng im Bussardhorst.

Die Ästlinge gleichen den Erwachsenen bereits sehr.

Fischadler bauen mächtige Burgen mit freiem An- und Abflug.

Fischadler
Pandion haliaetus

➤ Aussehen
Ein schlanker, weiß-schwarzer Greif mit »geknickten« Flügeln, der stoßtauchend Fische fängt.

➤ Vorkommen
Brutvogel in NO-Europa bis Ostdeutschland; stets in Nähe größerer Gewässer. Zugvogel (April bis Aug./Sept.).

➤ Nest
Im Wipfel von Einzelbäumen (Kiefern) oder an Waldrändern, auch auf Leitungsmasten und künstlichen Unterlagen auf hohen Stangen. Der Horst wird hauptsächlich vom ♂ gebaut und wird oft lange benutzt.

Ei und Jungvögel in einem Fischadler-Horst mit Weitblick.

➤ Eier
Das Vollgelege besteht aus 3 (1–4) weißen, braun und grau gefleckten Eiern (61 x 46 mm); sie werden im Abstand von 2 Tagen gelegt.

➤ Brut
Das ♀ übernimmt den Hauptteil des Brutgeschäfts, das ♂ bewacht den Horst und brütet kurzfristig, wenn ♀ auf Nahrungssuche.

➤ Junge
Das kurze, dichte 1. Dunenkleid ist oben braun gesprenkelt, unten weißlich, ein gelbbrauner Strich verläuft vom Kopf bis zum Rücken; das 2. Dunenkleid ist sattbraun. Während der Nestlingszeit schafft nur das ♂ Beute herbei, während das ♀ sich intensiv um Schutz und Fütterung der Jungen kümmert. Mit 44–59 Tagen sind die Jungen flügge. Die Familie bleibt danach noch mindestens 20–30 Tage zusammen.

➤ Förderung/Aufzucht
Durch künstliche Nestunterlagen auf hohen, freistehenden Masten oder Bäumen kann man in geeigneten Gebieten die Ansiedlung fördern. Eine Aufzucht sollte man Fachleuten (Zoos) überlassen.

➤ Nahrung
Fast nur Fische.

Turmfalke
Falco tinnunculus

> **Aussehen**

Ein kleiner, brauner, langschwänziger Greifvogel.

> **Vorkommen**

Brutvogel in ganz Europa; bewohnt Städte und offene Landschaften mit Einzelbäumen und
Feldgehölzen. In NO-Europa
Zugvogel, sonst Standvogel.

> **Nest**

Ein eigenes Nest wird nicht gebaut. Als Nistplatz werden alte
Krähennester, Felsnischen oder
hohe Gebäude gewählt, auch
Halbhöhlenkästen werden angenommen.

> **Eier**

Die 4–6 (3–7) dicht braunrot
gefleckten Eier (39 x 31 mm)
werden ohne Nistmaterial im Abstand von 2 Tagen auf die Unterlage gelegt.

Turmfalken bauen nicht selbst, sondern beziehen Horste anderer Greif- oder
Krähenvögel.

Turmfalkengelege in einer Gebäude-
nische.

> **Brut**

Das ♀ brütet allein 27–32 Tage.

> **Junge**

1. und 2. Dunenkleid weißlich,
Wachshaut und Füße gelb. In der
1. Woche werden sie fast ständig
vom ♀ gehudert. Mit 27–32 Tagen sind die Jungen flügge; bereits eine Woche vorher sitzen
sie außerhalb des Nestes. Nach
dem Ausfliegen werden sie noch
mindestens 4 Wochen von den
Eltern betreut.

> **Förderung/
Aufzucht**

Mit Halbhöhlen-
kästen (45 x 35 x
25 cm) unter
Giebeln an hohen
Gebäuden kann
man die Woh-
nungsnot der
Falken mindern. –
Aufzucht siehe
Habicht. Besonders
wichtig ist bei
Falken genügend
Kalk in der Nahrung in Form von
Knochenschrot oder Vitakalk, da
sie sonst an Knochenweiche
erkranken und bald eingehen.

> **Nahrung**

Wühlmäuse, Maulwürfe, Reptilien, Kleinvögel und Insekten.

Turmfalken brüten bevorzugt in Nischen an Felswänden
und Gebäuden.

Teichhühner bauen sich halb schwimmende Burgen.

Teichhuhn
Gallinula chloropus

> **Aussehen**

Fast schwarzes »Wasserhuhn« mit Weiß an den Seiten und unterm Schwanz sowie rotem Stirnschild und gelbem Schnabel; an den langen grünlichen Zehen Lappen.

> **Vorkommen**

Brutvogel an Gewässern in ganz Europa. Im Osten Zugvogel, bei uns meist Standvogel.

> **Nest**

Gut gedeckt in der Ufervegetation. Bau aus altem Pflanzenmaterial mit tiefer Napfmulde von 15–25 cm Durchmesser. Zuvor werden Spielnester oder Balzplattformen gebaut, später Ruheoder Schlafnester für die Jungen.

> **Eier**

Das Gelege besteht aus 5–11 (2–12) gelbbraunen Eiern (43 x 31 mm) mit vielen dunkelbraunen Flecken und Punkten. Sehr große Gelege (bis 26 Eier) stammen von 2 oder mehr ♀.

> **Brut**

♂ und ♀ bebrüten die Eier 19–22 Tage. Häufig schließt sich eine zweite Brut an.

> **Junge**

Das Dunenkleid der Küken ist schwarz, die Schnabelwurzel rot, die Augenwülste sind blau, die Füße mit den langen Zehen schwarz. Obwohl Nestflüchter, werden sie die ersten Tage im Nest gefüttert und kehren bis

Teichhuhnküken sehen sehr niedlich aus, sie verlassen bald das Nest.

zum 7. Tag wenigstens nachts aufs Nest zurück. Beide Eltern führen; wenn eine Zweitbrut anschließt, nur das ♂. An der Betreuung der Jungen der Zweitbrut beteiligen sich oft die Geschwister der Erstbrut. Die Küken werden 3–4 Wochen gefüttert, picken aber schon nach wenigen Tagen auch selbst Nahrung auf. Mit etwa 35 Tagen sind die Jungen flugfähig.

> **Förderung/Aufzucht**

Fütterung mit Getreide, Grünzeug und Brot kann in harten Wintern Verluste mindern. – Küken können anfangs mit Maden usw. (siehe S. 26ff.), später auch mit

Junge Teichhühner sind braun und haben noch keine rote Schnabelwurzel.

Kükenfutter (Landhandel) aufgezogen werden, wenn anfangs für genügend Wärme und ständig für »Badewasser« gesorgt ist. Die Tiere werden sehr anhänglich, sollten aber in einem großen Garten mit Teich an Selbstständigkeit gewöhnt werden.

> **Nahrung**

Setzt sich aus pflanzlichen und tierischen Bestandteilen zusammen.

Blesshuhn
Fulica atra

➤ Aussehen
Ein schwarzes »Wasserhuhn« mit weißem Stirnschild (Blesse), weißem Schnabel und roten Augen. An den langen Zehen keine Schwimmhäute, sondern Lappen.

➤ Vorkommen
Brutvogel an Gewässern in ganz Europa. Im Osten und Norden Zugvogel, bei uns Stand- und Strichvogel.

Blesshühner wählen die merkwürdigsten Neststandorte und tragen viel Material zusammen.

➤ Nest
Der ziemlich umfangreiche Bau aus nahe liegendem Pflanzenmaterial wird hauptsächlich vom ♂ im Wasser, zwischen Ufervegetation oder auch ganz offen errichtet – gelegentlich mit »Rampe« und/oder Haube ausgestattet. Später können auch Ruhenester gebaut werden.

➤ Eier
Das Gelege besteht aus 5–10 (3–14) hellgrauen bis gelblichweißen Eiern (52 x 36 mm), die mit vielen feinen, rotbraunen Punkten gezeichnet sind.

➤ Brut
Am Bebrüten des Geleges beteiligen sich beide Partner; nach 23–24 Tagen schlüpfen die Jungen.

➤ Junge
Das »langhaarige« dunkelgraue Dunenkleid ist mit einer goldgelben Halskrause ausstaffiert, von der sich das Rot des schütter bewachsenen Kopfes und die blauen Augenwülste abheben. Die Küken werden bis zu 3 Tage im Nest gefüttert und folgen dann – meist getrennt – ihren Eltern, von denen sie 4–5 Wochen lang gefüttert werden, aber auch selbst Nahrung aufpicken. Im Alter von etwa 8 Wochen sind sie flugfähig.

Junge Blesshühner werden auch noch gefüttert, wenn sie fast schon flügge sind.

➤ Förderung/Aufzucht
Fütterung mit Getreide, Grünzeug und Brot kann Notzeiten im Winter überbrücken. – Aufzucht in gleicher Weise wie beim Teichhuhn beschrieben.

➤ Nahrung
Vielerlei pflanzliche und tierische Organismen.

Blesshuhn-Küken sind eigentlich Nestflüchter, sie werden aber noch einige Zeit gehudert und gefüttert.

Die viel bescheidener gefärbte Fasanen-Henne mit ihren niedlichen Küken.

Fasan
Phasianus colchicus

➤ Aussehen
Ein langschwänziger, schwerfällig fliegender Hühnervogel, das ♂ bunt, das ♀ braun.

➤ Vorkommen
Ein in weiten Teilen Europas eingebürgerter Vogel aus Asien, der in offenen Feldlandschaften lebt. Standvogel.

Ein prächtiger Fremdling: Fasanen-Hahn.

➤ Nest
Eine flache Bodenmulde, die nur mit wenig dürrem Pflanzenmaterial ausgelegt ist.

➤ Eier
Das Gelege besteht aus 8–12 (6–16) einfarbig hell braungrauen oder oliven Eiern (45 x 36 mm). Größere Gelege stammen von mehreren ♀.

➤ Brut
Das ♀ brütet allein. Nach 23–26 Tagen schlüpfen die Jungen.

➤ Junge
Die Küken tragen ein gelblichbraunes Dunenkleid und können wie alle Nestflüchter sofort sehen, laufen und Nahrung aufnehmen. In den ersten 14 Tagen sind sie gegen Unterkühlung sehr empfindlich. Mit 10–12 Tagen können sie etwas fliegen und nächtigen dann in Bäumen. Das ♀ führt sie bis zum Alter von 10-12 Wochen.

➤ Förderung/Aufzucht
Jäger helfen mit Fütterungen über den Winter. – Da oft die Vermehrung im Freiland den Jagdbedarf nicht deckt, werden Fasane in Gefangenschaft nachgezogen und für Jagdzwecke ausgesetzt. Die Küken können wie Haushuhnküken (z.B. mit Kükenfutter aus dem Landhandel) aufgezogen werden. Sand ist für Sandbäder und die Aufnahme von Magensteinchen nötig.

➤ Nahrung
Die überwiegend vegetarische Nahrung reicht von Eicheln und Beeren bis zu Wurzeln, grünen

Gut getarnte Nestflüchter: Schlüpfende Fasanenküken.

Blättern und Samen; außerdem Regenwürmer, Schnecken, Insekten usw. Die Jungen fressen in den ersten Lebenswochen kleine Wirbellose.

Die Futtersuche will gelernt sein: Austernfischer mit etwa 2-wöchigen Küken.

*A*usternfischer
Haematopus ostralegus

> **Aussehen**
Ein krähengroßer, auffallender, schwarz-weißer Küstenvogel mit rotem Schnabel und roten Beinen.

> **Vorkommen**
Brutvogel an vielen Küsten Europas. Zugvogel (März bis Sept./Okt.); überwintert aber auch in großer Zahl an der Nordseeküste.

Im Kies getarnt: Dreiergelege vom Austernfischer in einfacher Nestmulde.

> **Nest**
Bodenbrüter. Das Nest ist eine Mulde auf Sandstränden, Dünen, kiesigem Boden, Äckern, Wiesen und Weiden, die gar nicht oder nur mit etwas Material der Umgebung ausgelegt ist.

> **Eier**
Das Gelege besteht aus 3 (1–4) hell- bis olivbraunen, braunschwarz und rotbraun bekritzelten Eiern (56 x 40 mm).

> **Brut**
♀ und ♂ brüten abwechselnd. Nach 24–27 Tagen schlüpfen die Jungen.

> **Junge**
Die Nestflüchter tragen ein dichtes, tarnfarbenes Dunenkleid: Oberseits dunkel graubraun mit feinen Bogenlinien, unterseits weiß, getrennt durch eine dunkle Flankenlinie; Beine hellgrau; Schnabel dunkel, mit rosa Wurzel. Die Jungen verlassen das Nest nach wenigen Stunden, bleiben aber noch 2–3 Tage in Nestnähe. Dann werden sie von den Eltern oft in ein Nahrungsrevier oder ins Watt geführt. Anfangs wird den Jungen Futter vorgehalten, später fallen gelassen, nach 5–6 Wochen wird weniger gefüttert. Im Alter von 32–35 Tagen sind die Jungen flugfähig. Die Familie löst sich dann gleich oder später auf.

> **Förderung/Aufzucht**
Förderung ist nur durch Schutz und Erhalt der Lebensräume möglich. – Küken können mit Regen- oder Mehlwürmern, ersatzweise mit Garnelenschrot beziehungsweise Weichfresserfutter aufgezogen werden. Nach 5–6 Wochen muss man das Futter in flachen Gefäßen mit feuchter Erde oder Sand verabreichen. Anfangs ist für genügend Wärme zu sorgen.

> **Nahrung**
Muscheln, Schnecken, Krebse, Würmer, Insektenlarven und Ähnliches.

Blatt und Stein markieren den Nistplatz: Flussregenpfeifer am Gelege.

Fluss-regenpfeifer
Charadrius dubius

➤ Aussehen
Ein sperlingsgroßer Watvogel mit schwarz-weißer Gesichtsmaske, der auf gut entwickelten Beinen schnell dahinrennt.

➤ Vorkommen
In ganz Europa an kiesig-sandigen Ufern und Küsten, im Binnenland vielfach in Kiesgruben. Zugvogel (April bis Aug./Sept.).

➤ Nest
Meist nur eine ausgescharrte Bodenmulde, gelegentlich mit umliegendem Material (Steinchen, Blättern ...) »verziert« oder getarnt.

Von oben im Kies kaum zu sehen: Küken des Flussregenpfeifers.

➤ Eier
Das aus 4 (selten 3) kreiselförmigen, sandfarbenen, mit hellgrauen und schwarzbraunen Punkten und Flecken besetzten Eiern (30 x 22 mm) bestehende Gelege ist meist bestens getarnt.

➤ Brut
♂ und ♀ brüten abwechselnd 24–26 Tage lang.

➤ Junge
Das Dunenkleid ist auf Rücken und Scheitel gelbbraungrau, unterseits und am Hals weiß. Die Küken verlassen nach dem Trockenwerden mit beiden Eltern das Nest und suchen selbst nach

Drückt sich bei Gefahr: Fast flügger junger Flussregenpfeifer.

Nahrung. Mit 24–29 Tagen sind sie flügge; das ♂ bleibt (länger als das ♀) meist noch ein paar Tage mit den Jungen zusammen.

➤ Förderung/Aufzucht
Förderung nur durch Schutz und Erhalt der Lebensräume möglich. – Küken können mit Weichfresserfutter aufgezogen werden, wobei anfangs für genügend Wärme gesorgt werden muss.

➤ Nahrung
Auf und im Boden lebende Insekten und deren Larven.

Kiebitz
Vanellus vanellus

➤ **Aussehen**
Ein etwa dohlengroßer schwarz-weißer Vogel mit spitzer Haube, breiten Flügeln und schlapp wirkendem, im Revier oft akrobatischem Flug.

➤ **Vorkommen**
Brutvogel in ganz Europa auf Nasswiesen, an Küsten und auf Äckern. In Nord- und Osteuropa und teilweise Mitteleuropa Zugvogel (März bis Nov.).

➤ **Nest**
Oft leicht erhöht gelegene Bodenmulde, die nur mit wenig trockenem Material aus der Umgebung ausgelegt ist.

➤ **Eier**
Das Gelege besteht wie bei allen Watvögeln aus 4 (3) olivbraunen, schwarz gefleckten Eiern (46 x 33 mm).

➤ **Brut**
Das Gelege wird von ♂ und ♀ 26–29 Tage bebrütet.

➤ **Junge**
Die wolligen Nestflüchterküken

Freie Sicht: Auf einem Acker brütendes Kiebitz-Männchen.

Kaum zu erkennen: 3 wenige Stunden alte Kiebitz-Küken.

sind unterseits und am Hals weiß, oberseits tarnfarben graubraun. Sie bleiben zunächst und ohne Störungen auch länger in der Umgebung des Nestes. Sie werden 14–16 Tage mindestens nachts vom ♀ gehudert. Bei Warnrufen drücken sie sich an Ort und Stelle oder laufen zur nächsten Deckung. Im Alter von 35–40 Tagen sind sie flügge und selbstständig.

➤ **Förderung/Aufzucht**
Förderung nur durch Schutz und Erhalt der Lebensräume möglich; manche Landwirte nehmen bei der Feldbestellung auf Nistplätze Rücksicht. – Die Aufzucht von Küken mit Mehlwürmern, Weichfresserfutter und evtl. Kükenfutter aus dem Landhandel möglich; anfangs muß (nachts) für

Ohne Brutvogel krähengefährdet: Kiebitzgelege auf einem Getreideacker.

ausreichend Wärme gesorgt werden.

➤ **Nahrung**
Kleine Bodentiere, teilweise auch Sämereien.

Wunderbar getarnt und hellwach: 3 wenige Stunden alte Rotschenkel-Küken.

Rotschenkel
Tringa totanus

> **Aussehen**
Ein hochbeiniger, aber nur reichlich amselgroßer, bräunlicher Watvogel mit roten Beinen und Schnabel.

> **Vorkommen**
Brutvogel der Küsten und Feuchtgebiete in ganz Europa, im mittel- und westeuropäischen Binnenland aber großflächig verschwunden. Überwiegend Zugvogel (März bis Juli/Aug.).

> **Nest**
♀ wählt eine der vom ♂ angelegten Bodenmulden, in der Vegetation gut versteckt, später oft mit einer Haube, die durch Heranziehen von Halmen während des Brütens entsteht.

> **Eier**
Das typische Watvogelgelege besteht aus 4 (3–5) kreiselförmigen, hellbraunen bis sandfarbenen Eiern (45 x 31 mm), die dunkelgrau gefleckt sind.

> **Brut**
♂ und ♀ brüten abwechselnd 22–29 Tage lang.

> **Junge**
Die nestflüchtenden Dunenjungen sind oberseits braun und schwarz in verschiedenen Tönen, unterseits weiß. Sie werden von den Eltern in Aufzuchtgebiete geführt, in denen sich oft auch andere Rotschenkel-Familien aufhalten. Das ♀ verlässt die Jungen meist vor dem ♂. Mit 25–35 Tagen sind sie dann flügge und selbstständig.

> **Förderung/Aufzucht**
Förderung nur durch Schutz und Erhalt der Lebensräume möglich. – Die Jungen können wie andere Watvögel aufgezogen werden (siehe Kiebitz und Regenpfeifer).

> **Nahrung**
Allerlei auf und im Boden lebende Kleintiere.

Warnender Rotschenkel.

Rotschenkel brüten gerne im Schutz überhängenden Grases.

Fluss-Seeschwalbe

Sterna hirundo

> **Aussehen**

Ein eleganter, möwenähnlicher, weißer Vogel mit gegabeltem Schwanz und schwarzer Kappe.

> **Vorkommen**

Brutvogel in ganz Europa mit großen, nach SW zunehmenden Verbreitungslücken im Binnenland. Zugvogel (April bis Juli/Sept.).

> **Nest**

Eine einfache Bodenmulde in Sand oder Kies, auch zwischen Treibgut und niedriger Vegetation, im Binnenland oft auf Brutflößen; je nach Untergrund werden auch regelrechte Nester aus dem Material der nächsten Umgebung zusammengetragen. Koloniebrüter.

> **Eier**

Das Gelege besteht aus 3 (2) unregelmäßig dunkel gefleckten, grünlichen oder bräunlichen Eiern (42 x 31 mm) verschiedener Helligkeit.

> **Brut**

Die Brut, an der sich ♀ und ♂ beteiligen, dauert 20–26 Tage.

> **Junge**

Das Dunenkleid der »Platzhocker« ist oberseits hell graubräunlich mit dunklen Flecken, unterseits hell; Beine und Schnabel (mit schwarzer Spitze) sind rosa. Je nach Neststandort bleiben die Jungen im oder nahe dem Nest

Das bettelnde Küken der Fluss-Seeschwalbe ist ein »abhängiger Nestflüchter«.

und werden hier von beiden Eltern gewärmt und gefüttert. Die Flugfähigkeit wird mit 23–27 Tagen erreicht, die Jungen werden aber noch etwa 6 Wochen gefüttert, brauchen also recht lange, um den schwierigen Nahrungserwerb (Fischen durch Stoßtauchen) zu erlernen.

Gelege der Fluss-Seeschwalbe mit eingetragenen Steinchen und »Landmarke«.

> **Förderung/Aufzucht**

Im mittel- und westeuropäischen Binnenland ist die Fluss-Seeschwalbe durch den Verlust von ungestörten Kiesbänken an Flüssen und Seen stark bedroht; mit kiesbestreuten Brutflößen hat man vielerorts gute Erfolge erzielt. – Die Aufzucht junger Seeschwalben ist schwierig, da stets frische Kleinfische als Futter nötig sind und ein Erlernen des Stoßtauchens nur an entsprechenden Gewässern möglich ist.

> **Nahrung**

Kleine Fische, wasserlebende Insektenlarven (auch fliegende Insekten) usw.

Im Schutz der Wachsamkeit: Brütende oder hudernde Lachmöwe mit Küken.

Lachmöwe

Larus ridibundus

> **Aussehen**

Eine kleine Binnenlandmöwe, im Brutkleid mit schwarzem Kopf, Beine und Schnabel rot.

> **Vorkommen**

Im gesamten mittleren und nördlichen Europa Brutvogel an Seen und Teichen. Stand- und Strichvogel, Teil- und Kurzstreckenzieher.

> **Nest**

Der Nistplatz wird vom ♀ ausgewählt, das Nest im oder am Wasser aus Stängeln und Halmen errichtet. Es steht häufig im Schilf, aber auch auf Bülten, Teichrosen oder Stegen, auch auf Kiesbänken und Hausdächern. An dem manchmal recht stattlichen, aber unordentlichen Bau wird auch noch während des Brütens weitergebaut. Es wird fast immer in größeren oder kleineren Kolonien (oft zu Tausenden) genistet.

> **Eier**

Wie bei den meisten Möwen besteht das Gelege aus (1–) 3 kreiselförmigen Eiern (52 x 37 mm), die auf bräunlichem bis olivgrünem Grund

Familienburg: Lachmöwennest mit Eiern und frisch geschlüpftem Küken.

unterschiedlich große Flecken in verschiedenen Farben tragen. Erstgelege bestehen manchmal aus weitgehend ungefleckten, weißlichblauen Eiern.

> **Brut**

♂ und ♀ brüten abwechselnd 22–23 Tage.

> **Junge**

Die Dunenjungen sind rundum hellbraun mit dunkelbraunen Flecken. Der Schnabel ist rosa, mit schwarzer Spitze. Für Nestflüchter ungewöhnlich: Sie bleiben bis zum Flüggewerden im oder beim Nest und werden wie Nesthocker von beiden Eltern gefüttert (»Platzhocker«). Bis zum 7. Tag werden die Jungen ständig, später nachts gehudert. Mit 26–28 Tagen sind die Jungen flügge, aber erst mit 35 Tagen selbstständig.

> **Förderung/Aufzucht**

Im Winter und an Ausflugsorten werden Möwen gern gefüttert. – Die Aufzucht junger Möwen ist mit Hackfleisch, trockenem Quark, Haferflocken und Mehlwürmern möglich, wenn anfangs und nachts für genügend Wärme, später für Bademöglichkeiten gesorgt ist.

> **Nahrung**

Sehr vielseitig; sie reicht von Pflanzenteilen und Abfällen bis zu Kleintieren des Bodens und der Gewässer sowie schwärmenden Ameisen in der Luft.

Junge Silbermöwen werden auch nach dem Flüggewerden noch gefüttert.

Silbermöwe
Larus argentatus

➤ **Aussehen**
Eine große, im Alterskleid weiße, im Jugendkleid mehr oder weniger braune Möwe der Küsten.

➤ **Vorkommen**
Brutvogel der europäischen Atlantik- und Ostseeküsten. Jahresvogel.

Nest einer Silbermöwe mit Ei und 2 frisch geschlüpften Küken.

➤ **Nest**
In Dünen, auf Felsen und Gebäuden; je nach Standort nur eine Mulde im Sand oder ein ziemlich umfangreicher Bau aus allen möglichen Materialien. Neigung zur Koloniebildung.

➤ **Eier**
Das Gelege besteht aus 2–3 Eiern (71 x 49 mm), die auf braunem, hellolivem oder grauem Grund mit vielen dunklen Flecken und Spritzern gezeichnet sind.

➤ **Brut**
♂ und ♀ brüten 26–32 Tage.

➤ **Junge**
Das dichte Dunenkleid der Nestflüchter ist silbrigbräunlich mit schwarzen Flecken; der dunkelgraue Schnabel hat eine rosa Spitze. Je nach Standort bleiben die Jungen kürzer oder länger (manchmal bis zur Flugfähigkeit)

im oder nahe dem Nest (»Platzhocker«). Beide Eltern kümmern sich gleichermaßen um Wärme (Hudern), Wetterschutz, Bewachung und Herbeischaffen von Futter. Mit 35–49 Tagen sind die Jungen flügge, werden aber oft noch weitere 3–4 Wochen gefüttert.

➤ **Förderung/Aufzucht**
Die vitalen und häufigen Vögel bedürfen keiner Förderung, da sie ohnehin vom Menschen und seinen Abfällen (Fischerei, Müllkippen) profitieren. – Bei der Aufzucht von Jungvögeln ist anfangs auf ausreichend Wärme, später auf genügend Ballaststoffe in der Nahrung und Wasser zum Baden zu achten.

➤ **Nahrung**
Sie besteht aus einer Vielzahl pflanzlicher und tierischer Anteile sowie menschlichen Abfällen.

Ihr Nest gleicht einem Misthaufen: Etwa 2 Wochen alte Haustauben.

Straßentaube
Columba livia domestica

➤ Aussehen
Die Stammform der Straßentaube ist die Felsentaube, die überwiegend hellgrau ist, zwei schwarze Fügelbinden, eine dunkle Endbinde am Schwanz und einen weißlichen Bürzel trägt; das Halsgefieder schillert grünlich. Durch Zucht treten die Straßentauben heute in vielerlei Farbtönungen und Formen auf, die oft nicht mehr viel mit der Wildform gemeinsam haben.

➤ Vorkommen
Während die Felsentaube auf Südeuropa beschränkt ist, findet man die Straßentaube in Städten und Ortschaften ganz Europas.

➤ Nest
Auf Fels- und Gebäudesimsen, in Höhlen, Löchern und geschlossenen Räumen. Eine dünne Lage von Zweigen, Halmen und Papierfetzen bildet das Nest; oft werden die Eier aber auch auf den nackten oder von einer Kotschicht bedeckten Boden gelegt.

➤ Eier
Das Gelege besteht aus 2 weißen Eiern (38 x 29 mm). In Städten wurden 7–9 Gelege im Jahr

Stadttauben brüten auf struppigem Nest meist an und in Gebäuden.

beobachtet, von denen 3–6 Bruten vollendet wurden; in manchen Städten auch Winterbruten.

➤ Brut
♂ und ♀ brüten insgesamt 17–18 Tage.

➤ Junge
Die Nesthocker tragen grobe, schüttere, gelblich-rötliche Dunen. Sie werden anfangs ständig gehudert und von beiden Eltern mit »Kropfmilch« (siehe S. 22), gefüttert, nach einigen Tagen nimmt der Anteil an vorgeweichten Körnern und Sämereien immer mehr zu. Mit 23–25 Tagen sind die Jungen flügge und mit 30–35 Tagen selbstständig.

➤ Förderung/Aufzucht
Da sich die Straßentauben in vielen Orten allzu massenhaft vermehren (Schaden an Gebäuden, hygienische Probleme), sollte man sie nicht oder nur zurückhaltend füttern. – Die Aufzucht junger Tauben mit einem Brei aus Quark und gekochten Haferflocken und später gequollenem Getreide (Hirse, Mohn, Weizen- und Maisschrot) ist insofern schwierig, als junge Tauben nicht sperren, sodass man ihnen das Futter alle 2–3 Stunden mit einer groben aber kantengerundeten Pipette weit in den Rachen einführen muss. Außerdem ist anfangs wie immer für genügend Wärme zu sorgen.

➤ Nahrung
Samen von Äckern und Wiesen, Knospen, Triebe, Blüten und menschliche Abfälle.

*R*ingeltaube
Columba palumbus

> **Aussehen**

Eine überwiegend graue, der
Straßentaube nicht unähnliche
Taube mit weißen Halsseiten und
Flügelbugen.

> **Vorkommen**

Brutvogel in ganz Europa; im
Norden, Osten und in Teilen
Mitteleuropas Zugvogel (März/
Apr. bis Sept./Okt.). Auf dem Zug
oft in großen Schwärmen.

> **Nest**

Auf Bäumen und Sträuchern,
auch auf und an Gebäuden wird
eine dünne Plattform aus dürren
Zweigen gebaut, die bei wiederholter Benutzung zu einem soli-
deren Bauwerk wird.

> **Eier**

Das Gelege besteht aus 2 weißen Eiern (40 x 30 mm).
2–3 Jahresbruten.

> **Brut**

♂ und ♀ brüten 16–17 Tage.

Im Schutz von Baum und Mutter: Hudernde Ringeltaube mit Küken.

> **Junge**

Die Nesthocker tragen ein schütteres, grobhaariges, blassgelbes
Dunenkleid, durch das die blaugraue Haut schimmert. Schwarzer Schnabel mit gelber Spitze
und rosa Randwülsten. Die
Nestlingszeit beträgt 28–29 Tage,
voll flugfähig und selbstständig
sind die Jungen aber erst mit
etwa 35 Tagen.

> **Förderung/Aufzucht**

Direkte Förderung kaum möglich. –
Aufzucht der Jungen in gleicher
Weise wie bei der Straßentaube
angegeben.

> **Nahrung**

Eicheln, Bucheckern, Getreide
und anderen Samen sowie grüne
Blätter und Beeren; Insekten und
Schnecken werden nur selten
aufgenommen.

Ringeltaubennester sind flach und sperrig.

Kaum noch Platz: Junge Ringeltauben kurz vor dem
Ausfliegen.

Fortschrittlich: 2 Türkentauben im modernen Eigenheim.

Türkentaube
Streptopelia decaocto

➤ **Aussehen**
Eine zierliche sandfarbene Taube mit schwarzem Nackenband.

➤ **Vorkommen**
Brut- und Standvogel in nahezu ganz Europa.

➤ **Nest**
Der vom ♂ angebotene, vom ♀ ausgewählte Nestplatz befindet sich in der Regel auf einem Baum oder Strauch (bevorzugt Koniferen), seltener an einem Gebäude. Aus Zweigen, die das ♂ herbeischafft, baut das ♀ eine schüttere Plattform ohne eigentliche Nestmulde.

➤ **Eier**
Das Gelege besteht aus 2 weißen, elliptischen Eiern (31 x 24 mm).

2–4 Jahresbruten, darunter auch Winterbruten.

➤ **Brut**
Die Partner brüten abwechselnd, bis nach 13–14 Tagen die Jungen schlüpfen.

➤ **Junge**
Die Nesthocker tragen ein gelbliches Dunenkleid, durch das die dunkle Haut schimmert; Schnabel hellrosa. Die Nestlingszeit dauert 16–19 Tage, nach weiteren 3–4 Wochen sind die Jungen selbstständig.

➤ **Förderung/Aufzucht**
Die recht anpassungsfähigen Tauben bedürfen keiner Förderung; im Winter kann man ihnen aber Körnerfutter auf den Boden streuen. – Aufzucht wie Straßentaube.

➤ **Nahrung**
Allerlei Sämereien, Keimlinge, Blätter, Beeren, Knospen und menschliche Abfälle.

Das einfache Nest enthält 2 Eier.

Nicht stubenrein: Junge Türkentauben kurz vor dem Ausfliegen.

Kuckuck
Cuculus canorus

➤ Aussehen
Ein grauer oder brauner Vogel mit schwarz-weiß gebänderter Unterseite, langem Schwanz und spitzen Flügeln.

Das Kuckuck-Weibchen befördert eigene und fremde Eier – mit unterschiedlichem Ziel – oft im Schnabel.

➤ Vorkommen
Brutvogel in ganz Europa. Zugvogel (Ende April/Mai bis Aug./Sept.).

➤ Nest
Baut kein eigenes Nest, sondern legt in die Nester von 40–60 verschiedenen Singvogelarten,

Manche Kuckucks-Weibchen haben sich auf Wirte spezialisiert, deren Eier den ihren ähnlich sind.

vor allem von Stelzen, Piepern, Würgern, Heckenbraunellen, Grasmücken, Rohrsängern, Rotkehlchen und Rotschwänzen.

➤ Eier
Pro Saison legt ein Kuckucks-♀ 9–20 seiner relativ kleinen und dickschaligen Eier (23 x 16 mm) in verschiedene Nester. Oft sind die ♀ auf bestimmte Wirtsarten spezialisiert (bei denen sie selbst aufwuchsen), was sich auch in der Eifärbung ausdrückt. Je nach ♀ sind die Eier gefleckt oder ungefleckt und von weißlicher, gelblicher, grauer, olivgrüner oder dunkelbrauner Grundfarbe.

➤ Brut
Nach einer Bebrütung von 11–12 Tagen schlüpft der junge Kuckuck.

➤ Junge
Die Haut des völlig nackten Nesthockers ist unterseits rosa, an Rücken und Flügeln düster, am Kopf schwärzlich; der Rachen ist leuchtend orangerot, die Schnabelwülste sind gelb. 8–10 Stunden nach dem Schlüpfen beginnt das noch blinde Junge jeden Gegenstand im Nest mit dem Rücken hoch zu schieben. Auf diese Weise befördert es alle Eier und Jungvögel des Wirtes aus dem Nest. Durch die von beiden Pflegeeltern herbeigeschaffte Nahrung wächst der junge Kuckuck rasch heran und ist mit 19–24 Tagen flügge. Bereits 3–4 Tage später nimmt er selbst Futter auf, wird aber meist noch 3 Wochen und mehr von den Wirtsvögeln gefüttert.

Kraftakt: Kaum geschlüpft wirft der junge Kuckuck die Konkurrenz aus dem Nest.

➤ Förderung/Aufzucht
Junge Kuckucke können mit Mehlwürmern, Maden, Hackfleisch, trockenem Quark etc. aufgezogen werden (siehe Baumpieper).

➤ Nahrung
Fast ausschließlich Insekten und deren Larven (z.B. Schmetterlingsraupen).

Nest und Zieheltern entwachsen: Fast flügger Jungkuckuck und fütternder Teichrohrsänger.

Schleiereule
Tyto alba

> **Aussehen**

Eine sehr helle, schlanke Eule. In den nördlichen und östlichen Teilen ihres Verbreitungsgebietes werden die Vögel zunehmend dunkler rostfarben. Rufe ein raues Kreischen.

> **Vorkommen**

Vom Kaukasus westwärts bis England und Spanien; Jahres-vogel.

> **Nest**

Als Nistplatz wählt das ♀ gerne geräumige, möglichst dunkle, störungsfreie Nischen in Gebäu-den mit freiem Anflug (Kirchtür-me, Scheunen, Taubenschläge, Dachböden, Ruinen usw.). Kein Nistmaterial, dafür eine Schicht zerbröselter Gewölle.

> **Eier**

Die Gelegegröße richtet sich nach dem Angebot an Mäusen, liegt im Durchschnitt bei 4–7, schwankt aber zwischen 1–12 (sogar 15) Eiern. In guten Mäuse-

Familienleben in der Kiste: Schleiereulen nehmen geeignete Nistkästen gerne an.

Speisereste als Nistmaterial: Das »Nest« der Schleiereule besteht aus Gewöllen.

jahren außerdem Zweitbruten mit bis zu 8 Eiern. Die weißen Eier messen 40 x 31 mm und wer-den im Abstand von 2 Tagen gelegt.

> **Brut**

Das Gelege wird 30–34 Tage vom ♀ allein bebrütet, das vom ♂ mit Beute versorgt wird.

> **Junge**

Im Gegensatz zu anderen Eulen tragen junge Schleiereulen 2 Dunenkleider: Das erste ist weiß und kurz, das zweite (nach 12 Ta-gen) ist länger, dichter und hell bräunlich. Die Jungen werden anfangs nur vom ♀, später von beiden Eltern gefüttert. Im Alter von etwa 40 Tagen beginnen die Jungen herumzuwandern und zu flattern. Mit 60 Tagen sind sie flügge und verlassen den Nest-

platz; selbstständig sind sie aber erst mit 8–10 Wochen.

> **Förderung/Aufzucht**

Da durch die Vergitterung der Kirchtürme den nützlichen Vögeln ein wichtiger Brutplatz genom-men wurde, kann man mit spe-ziellen Nistkästen, die mindestens 100 x 50 x 50 cm messen soll-ten, viel für die Ansiedlung und Vermehrung tun. – Junge Eulen können mit Eintagsküken, Mäu-sen und anderem ballaststoff-reichen Futter aufgezogen wer-den. Bis zum 10. Tag ist für stän-dige Wärme, später nachts für ausreichende Wärme zu sorgen (siehe auch Habicht).

> **Nahrung**

Fast ausschließlich Feldmäuse; in kleinen Mengen Vögel, Amphibien und Großinsekten.

*W*aldkauz
Strix aluco

➤ **Aussehen**
Eine rindenfarbene, graue oder braune Eule von gedrungener Gestalt, mit rundem, dickem Kopf ohne »Ohren«. Gesang ein langes und vibrierendes »uuh-u-u-u-u...«, Ruf ein gellendes »kuitt«.

➤ **Vorkommen**
Brut- und Standvogel in ganz Europa.

➤ **Nest**
Baumhöhlen sind bevorzugter Neststandort, es werden aber auch Höhlen und Nischen in Gebäuden, Felshöhlen und alte Nester bezogen. Als Nistmaterial dient zerknabbertes Gewölle.

➤ **Eier**
Das Gelege besteht gewöhnlich aus 3–5 (2–6) weißen Eiern (48 x 39 mm). Die Eier werden im Abstand von 2–3 Tagen gelegt und schon vom 1. Ei an bebrütet.

➤ **Brut**
Das ♀ brütet allein und wird vom ♂ mit Beute versorgt. Die

Tagsüber dösen Herr und Frau Waldkauz vor ihrer Bruthöhle.

Brutdauer für das einzelne Ei beträgt 28–29 Tage, durch die Art der Ablage dauert die Bebrütung des ganzen Geleges aber wesentlich länger.

➤ **Junge**
Das weiche, dichte Dunenkleid der Nesthocker ist weiß mit gelblichem Anflug. Mit 29–35 Tagen verlassen die noch nicht flugfähigen Jungen die Nisthöhle und landen im Geäst oder auf dem Boden, von wo aus sie höhere Sitzplätze kletternd zu erreichen versuchen (Ästlinge). Mit etwa 7 Wochen sind sie gut flugfähig, aber erst 2–3 Monate später selbstständig.

➤ **Förderung/Aufzucht**
Durch das Aufhängen von Nistkästen (25 x 25 x 40 cm, Fluglochweite 12 cm) kann man den nützlichen Kauz fördern. Ästlinge

»Ästlinge« nennt man die noch nicht flüggen, aber schon recht unternehmungslustigen Waldkäuze. Bitte in Ruhe lassen!

sollte man unbedingt an Ort und Stelle lassen, allenfalls erhöht setzen. – Zur Aufzucht siehe Schleiereule und Habicht.

➤ **Nahrung**
Mäuse, Vögel, Frösche u.Ä.

Gut geschützt in einer Baumhöhle: Das Gelege des Waldkauzes.

Aufrecht, glutäugig und ständig nach Futter pfeifend: »Ästlinge« der Waldohreule.

Waldohreule
Asio otus

> **Aussehen**

Mit ihren langen Federohren (die man im Flug nicht sieht), den roten Augen und dem tarnfarbenen Federkleid in verschiedenen Brauntönen gleicht sie einem kleinen Uhu. Der Balzruf des

Waldohreulen schlüpfen nacheinander, das Nesthäkchen dient als »Reserve« (s. auch S. 16).

♂ ist ein im Abstand von etwa 3 sec wiederholtes hohles »huh«.

> **Vorkommen**

Brutvogel in nahezu ganz Europa. Im Norden Zugvogel. Lebt in Wäldern und Siedlungen mit alten Bäumen.

> **Nest**

Hauptsächlich werden Nester von Krähen, Elstern, Greifvögeln und Ringeltauben bezogen, gern an Waldrändern in ziemlicher Höhe. Eigene Nester werden nicht gebaut.

> **Eier**

Das Gelege besteht aus 4–5 (in Mäusejahren 6–9) weißen Eiern (40 x 32 mm).

> **Brut**

Das ♀ brütet allein und wird vom ♂ mit Futter versorgt. Nach 27–28 Tagen schlüpfen die Jungen im Abstand von 2 Tagen.

> **Junge**

Die Nesthocker tragen ein ziem-

lich dichtes, kurzes, weiches weißes Dunenkleid, das sich bis zu den Krallen erstreckt; es sind bereits deutliche Federohrenstümpfe zu erkennen. Das ♀ bleibt 2–3 Wochen fast ständig am Nest, sodass dem ♂ die gesamte Nahrungsversorgung obliegt. In der 3. Woche können die Jungen gut laufen und verlassen, noch flugunfähig, das Nest (Ästlinge). Dabei gelangen sie oft auf den Boden, wo sie sich gut verstecken. Mit 26 Tagen beginnen sie zu fliegen und sind mit 33–35 Tagen voll flugfähig, werden aber noch weitere 4 Wochen zumindest gelegentlich gefüttert.

Brütet in fremden Nestern: Waldohreulen bauen keine eigenen Nester.

> **Förderung/Aufzucht**

Kunstnester mit 45 cm Durchmesser werden gerne angenommen, wenn sie am richtigen Platz stehen (auch an Gebäuden). Ästlinge sollte man unbedingt an Ort und Stelle lassen, allenfalls erhöht setzen. – Aufzucht siehe Schleiereule.

> **Nahrung**

Fast nur Feldmäuse, ersatzweise Vögel, Frösche, Fische und größere Insekten.

Buntspecht
Dendrocopus major

➤ **Aussehen**
Ein kräftiger, schwarz-weiß ge-
zeichneter Specht mit roten Unter-
schwanzfedern; ♂ mit rotem
Hinterkopf.

➤ **Vorkommen**
Brutvogel in ganz Europa.

➤ **Nest**
Die Nisthöhle wird meist in mor-
schen Bäumen, aber auch in
gesunden Weichhölzern gebaut;
sie ist 20–50 cm tief und hat
einen Durchmesser von 8–17
cm. Ein Teil der Späne bleibt als
Unterlage in der Höhle. Das ♂
arbeitet 14–25 Tage an einer
Höhle.

➤ **Eier**
Das Gelege besteht aus 5–7
(4–8) weißen Eiern (25 x 19 mm).

➤ **Brut**
Ausnahmsweise brütet beim
Buntspecht das ♂ mehr als das
♀, insgesamt 10–12 Tage.

➤ **Junge**
Die Jungen kommen völlig nackt

Ein kräftiger, schwarz-weiß-roter Kletterer: der Buntspecht.

Spartanisch im Eigenbau: Ein paar
Späne vom Hausbau reichen dem
Buntspecht als Nistmaterial.

zur Welt, ihr Unterschnabel trägt
einen auffälligen weißen Wulst.
Bis zum 12. Tag werden die Jungen ständig gehudert. Augen und
Ohren öffnen sich erst um den
10. Tag. Mit 18–19 Tagen zeigen
sich die Jungen am Flugloch. Im
Alter von 20–23 Tagen sind sie
flügge. Bis 2 Tage vorher über-
nachtet das ♂ ständig bei den
Jungen. Nach dem Ausfliegen
werden die Jungen noch 8–10
Tage geführt und gefüttert.

➤ **Förderung/Aufzucht**
Spechte benutzen manchmal
Nistkästen; besser sind aber morsche Bäume, da sie ihnen auch
Nahrung bieten. – Junge Spechte
können mit Mehlwürmern u.ä.,
notfalls mit Hackfleisch aufgezogen werden.

➤ **Nahrung**
Sie ist recht vielseitig und besteht
aus baumbewohnenden Insek-
ten, Samen, Baumsäften, Beeren,
Vogeleiern und Jungvögeln.

Ein Leben in den Lüften steht diesen beiden fast flüggen Mauerseglern bevor.

Mauersegler
Apus apus

➤ **Aussehen**
Schwalbenähnlicher dunkler Luftvogel mit sichelförmigen Flügeln, Gabelschwanz und schrillen Rufen.

➤ **Vorkommen**
Brutvogel in ganz Europa, fast ausschließlich in menschlichen Siedlungen. Zugvogel (Mai bis Aug.).

➤ **Nest**
Unter Dachziegeln, in Mauerlöchern und in anderen dunklen Hohlräumen höherer Gebäude mit freiem Anflug wird ein spartanisches Nest aus im Flug erhaschtem Material gebaut, das durch Speichel verklebt wird.

➤ **Eier**
Das Gelege besteht aus 2–3 (1–4) langgestreckten, elliptischen weißen Eiern (25 x 16 mm).

➤ **Brut**
An der 18–20 Tage dauernden Bebrütung beteiligen sich beide Partner; bei schlechtem Wetter kann die Brut 25 Tage dauern (siehe auch S. 17).

➤ **Junge**
Die Nesthocker sind nackt und rosa, ihre Schnabelwülste mattweiß. 2–7 Tage werden die Jungen ständig gehudert. Die im Flug gefangenen Insekten werden im Kehlsack gesammelt, mit Speichel zu einer haselnussgroßen Kugel geformt und dann den Jungen tief in den Rachen gesteckt. Mit 10–12 Tagen beginnen die Jungen herumzuklettern, mit 37–56 Tagen sind sie flügge (abhängig von Wetter und Brutgröße). Nach dem Ausfliegen kehren die Jungen nicht mehr zum Nest zurück.

➤ **Förderung/Aufzucht**
Durch hoch an Gebäuden angebrachte, länglich-niedrige Nistkästen mit breitem Flugloch (6 x 4 cm) lassen sich Mauersegler leicht ansiedeln, besonders wenn man ihrem Hang zur Koloniebildung durch mehrere Kästen entspricht. – Da der erste Ausflug manchmal nicht gleich erfolgreich ist, landen junge Mauersegler nicht selten auf dem Boden. Wenn sie auch durch Hochwerfen nicht abfliegen, muss man sie einige Tage mit Hackfleisch oder Mehlwürmern durchfüttern. Freilassen nur bei günstiger Witterung, wenn auch die Vögel der Kolonie in der Nähe sind.

➤ **Nahrung**
Fliegende Insekten (von Blattläusen bis zu Faltern) und Spinnen.

Uferschwalbe
Riparia riparia

➤ **Aussehen**

Eine braune Schwalbe mit weißer Unterseite und kurzem Gabelschwanz.

➤ **Vorkommen**

Brutvogel in ganz Europa; brütet kolonieweise in Steilufern und Kiesgruben, deren Wände zum Graben der Brutröhren geeignet sind. Zugvogel (April/Mai bis Aug./Sept.).

➤ **Nest**

Das ♂ gräbt mit den Füßen eine 60–70 cm lange leicht ansteigende Brutröhre mit einem Durchmesser von 4 cm, die am Ende in eine erweiterte Nestkammer mündet. Diese wird mit Halmen, Haaren, Federn, Fasern, Wurzeln ausgepolstert. Für die 2. Brut wird meist eine neue Röhre oder wenigstens eine neue Nestkammer gegraben.

Uferschwalben brauchen steile, sandige, aber feste Wände zum Bau ihrer Nisthöhlen.

Im Schutz der selbst gegrabenen Höhle: das lockere Nest der Uferschwalbe.

➤ **Eier**

Das Gelege besteht aus 4–7 (meist 3) weißen Eiern (18 x 13 mm).

➤ **Brut**

Das Gelege wird 14–15 Tage von beiden Eltern bebrütet.

➤ **Junge**

Die Nesthocker tragen kurze, blassgraue Dunen an Kopf und Rücken; Rachen und Schnabelwülste sind hellgelb. Bis zum 10. Tag werden die Jungen von beiden Eltern gehudert, später nächtigen die Alten außerhalb der Höhle. Beide Partner füttern mit Futterballen aus Insekten.

Nach 16–23 Tagen erscheinen die Jungen am Röhreneingang; mit 20–24 Tagen sind sie flügge und fliegen aus, kehren aber noch einige Tage zum Übernachten zurück und werden außerhalb gefüttert.

➤ **Förderung/Aufzucht**

Der Schutz geeigneter Brutwände ist die beste Förderung. Teilweise werden auch künstliche Wände und/oder Brutröhren angeboten. – Zur Aufzucht von Findlingen und Nestlingen siehe S. 26 ff.

➤ **Nahrung**

Kleine Fluginsekten.

Auch die Rachen junger Rauchschwalben leuchten in kräftigen Farben.

Rauchschwalbe
Hirundo rustica

> **Aussehen**

Eine oberseits blauschwarze, unterseits weiße Schwalbe mit rotem Gesicht und langen Schwanzspießen.

> **Vorkommen**

Brutvogel in ganz Europa; stark an menschliche Siedlungen gebunden. Zugvogel (April bis Okt.).

> **Nest**

Ursprünglich klebten Rauchschwalben ihre schalenförmigen Nester in Felsnischen und -höhlen. Heute bauen sie fast nur noch in Ställen, Scheunen, Hausfluren, Werkshallen, Garagen, sofern eine ständige Öffnung vorhanden ist. Vereinzelt werden auch Nester unter Dachvorsprüngen außen an Gebäuden gebaut (siehe Mehlschwalbe). Das Nest besteht aus Lehmklümpchen zwischen die zur Verstärkung herausstehende

Die schalenförmigen Rauchschwalben-Nester sind leicht von den fast geschlossenen Nestern der Mehlschwalbe zu unterscheiden.

Halme oder Haare eingewoben sind. Die geglättete Nestmulde wird mit Federn, Haaren und feinen Pflanzenfasern gepolstert. Der Neubau eines Nestes durch beide Partner dauert 8–12 Tage, oft werden aber nur alte Nester ausgebessert.

> **Eier**

Das Gelege besteht aus 5 (3–6) weißen, braun getupften oder gefleckten Eiern (20 x 15 mm). Auf die 1. Brut folgt oft eine 2., seltener eine 3.

> **Brut**

Das ♀ brütet allein und wird auch nicht vom ♂ gefüttert. Nach 13–16 Tagen schlüpfen die Jungen.

> **Junge**

Die Nesthocker tragen auf Kopf und Rücken lange, schüttere graue Dunen; Schnabelwülste weißlich, Rachen zitronengelb. Nach der Nestlingszeit (20–24 Tage) werden die Jungschwalben noch 10–14 Tage gefüttert.

> **Förderung/Aufzucht**

Geeignete Räume sollten durch Einflugöffnungen, die den ganzen Sommer über offen stehen können, den Schwalben zugänglich gemacht werden. Kleine Brettchen oder Leisten an den Wänden erleichtern den Nestbau. Auch Kunstnester aus Beton können angebracht werden; offenbar verenden darin die Jungen aber leichter durch Parasitenbefall. – Zur Aufzucht junger Schwalben siehe S. 26 ff.

> **Nahrung**

Kleine Fluginsekten.

Mehlschwalbe
Delichon urbica

➤ **Aussehen**
Oberseits blauschwarz wie Rauch-
schwalbe, aber mit weißem
Bürzel, Unterseite reinweiß,
Gabelschwanz ohne Spieße.

➤ **Vorkommen**
Brutvogel in ganz Europa; nicht
so eng an menschliche Siedlungen gebunden wie Rauchschwalbe. Zugvogel (April/Mai
bis Sept.).

Blick in das von oben geöffnete Nest.

tung gefleckt wer-
den. 2 Drittel aller
Paare machen eine
Zweitbrut.

➤ **Brut**
Nach 14–16 Tagen
(bei schlechtem
Wetter auch später)
schlüpfen die
Jungen; am Brüten
beteiligt sich auch
das ♂.

➤ **Junge**
Das 1. Dunenkleid
ist an Kopf, Rücken
und Schenkeln
schütter, lang und
schmutzig weiß; das
2. Dunenkleid ist
dichter; Schnabel-
wülste blassgelb, Ra-
chen kräftig gelb.
Nach einer Nest-
lingszeit von 23–30
Tagen werden die
Jungen noch einige
Zeit gefüttert.

Die Nester der Mehlschwalbe sind bis auf ein
Schlupfloch zugemauert.

➤ **Nest**
Das aus Lehmklümpchen gebaute Nest enthält keine heraushän-
genden Halme, wird fast ausschließlich außen an Gebäuden
(unter Brücken, in Felswänden),
dicht unter einem Vorsprung
befestigt und ist bis auf ein kleines Loch geschlossen. Die Nestmulde wird mit Moos, Federn
usw. gepolstert.

➤ **Eier**
Das Gelege besteht aus 4–5
(2–6) weißen Eiern (20 x 13 mm),
die mit fortschreitender Bebrü-

➤ **Förderung/Aufzucht**
Man sollte auch alte Nester nie
entfernen. Um Verschmutzung
zu vermeiden, kann man Kot-
brettchen unter den Nestern
anbringen. – Zur Aufzucht junger
Schwalben siehe S. 26 ff.

➤ **Nahrung**
Kleine Fluginsekten.

Mehlschwalben bauen gerne am alten
Platz; anfangs ist das Nest nur eine
flache Schale, die Schicht um Schicht
mit frischem (dunklen) Baumaterial
erhöht wird.

Altvogel und junge Feldlerchen sind am Boden gut getarnt.

Feldlerche
Alauda arvensis

➤ **Aussehen**
Ein unscheinbar brauner Singvogel mit weißen Schwanzseiten und auffallendem Reviergesang im Flug.

➤ **Vorkommen**
Brutvogel in ganz Europa; im Norden und Osten Zugvogel (Febr./März bis Okt.).

➤ **Nest**
Optimaler Neststandort sind schütter bewachsene Flächen mit 15–25 cm hoher Vegetation. Die selbst gescharrte, bis 7 cm tiefe Bodenmulde wird vom ♀ mit feinem Pflanzenmaterial ausgepolstert.

➤ **Eier**
Das Gelege besteht aus 2–5 (6) Eiern (23 x 15 mm), die auf weißlichem bis hell bräunlichem Grund dicht dunkelgrau bis -braun gefleckt sind. In Mitteleuropa häufig 2 Jahresbruten.

➤ **Brut**
Das ♀ brütet 11–12 Tage allein und wird auch nicht vom ♂ gefüttert.

➤ **Junge**
Die nackten Nesthocker tragen einige langhaarige gelbe Dunenbüschel auf Kopf, Schultern,

Auch Nest und Gelege der Feldlerche können selbst auf offener Ackerfläche nur schwer entdeckt werden.

Rücken und Schenkel, was offenbar mehr der Tarnung als dem Wärmeschutz dient. Sie werden 5 Tage vom ♀ gehudert. Am Füttern beteiligt sich auch das ♂. Nach 7–11 Tagen verlassen die Jungen das Nest und folgen den Alten hüpfend. Mit 15–18 Tagen können sie fliegen, suchen dann auch schon selbst Futter, sind aber erst mit 30 Tagen selbstständig.

➤ **Förderung/Aufzucht**
Schutz und Förderung der vielerorts seltener werdenden Feldlerche ist nur durch eine schonende Landbewirtschaftung möglich. – Aufzucht siehe S. 26 ff. Ab der 2. Woche sollten feine Sprosse zugefüttert werden, außerdem sollte später Sand verfügbar sein.

➤ **Nahrung**
Insekten, Spinnen, Schnecken, Würmer; im Winter mehr Samen, Keimlinge und zarte Blätter.

Wie Blüten leuchten die roten Rachen der jungen Baumpieper.

Baumpieper
Anthus trivialis

➤ **Aussehen**

Ein insgesamt bräunlicher Vogel mit kräftiger dunkler Reihenfleckung auf Brust (und Bauch).

➤ **Vorkommen**

Brutvogel baumbestandener Wiesenlandschaften in ganz Europa außer Spanien und Irland. Zugvogel (April/Mai bis Sept./Okt.).

Der Baumpieper baut sein Nest nahe dem Boden; seine Eier sind bemerkenswert dunkel.

➤ **Nest**

Das napfförmige Nest aus pflanzlichem Material der Umgebung wird in 4–6 Tagen vom ♀ im Schutz überhängender Vegetation am Boden errichtet. Meist schließt eine 2. Jahresbrut an.

➤ **Eier**

Das Gelege besteht aus 4–6 (meist 3) äußerst vielseitig gefärbten Eiern (20 x 15 mm); in der Regel sind sie dicht gefleckt, unterscheiden sich aber in den rötlichen, bräunlichen, grauen oder manchmal auch bläulichen Grundfarben.

➤ **Brut**

Das ♀ brütet allein (ohne vom ♂ gefüttert zu werden) bis zum Schlüpfen der Jungen nach 12–14 Tagen.

➤ **Junge**

Die Dunen der Nesthocker sind lang, dicht und dunkelgrau; Schnabelwülste hellgelb, Rachen orange, Zungenkanten und -dornen gelb. Bis zum 6. Tag werden die Jungen gehudert. An den Fütterungen beteiligt sich das ♂, auch wenn es mit 2 ♀ verpaart ist. Bei Gefahr »verleitet« das ♀, d.h. es versucht den Störenfried vom Nest wegzulocken. Im Alter von 10–12 Tagen verlassen die noch nicht flüggen Jungen das Nest (bei Störung auch früher) und kehren nicht mehr dorthin zurück. Mit 13–14 Tagen können sie kleine Strecken flattern, voll flugfähig sind sie allerdings erst mit 18–19 Tagen, werden von den Eltern aber noch bis zu 2 Wochen betreut.

➤ **Förderung/Aufzucht**

Förderung nur durch Erhalt der Lebensräume möglich. – Zur Aufzucht dieser Insektenfresser siehe S. 26 ff.

➤ **Nahrung**

Kleine Insekten, im Frühjahr und Herbst auch Sämereien und zarte Blätter.

Der leuchtend rote Rachen der jungen Bachstelzen erleichtert den Eltern das Füttern in halbdunklen Höhlen.

Bachstelze
Motacilla alba

> **Aussehen**

Eine schwarz-weiße Stelze mit langem wippenden Schwanz.

> **Vorkommen**

Weit verbreiteter Brutvogel in ganz Europa. Im Norden und Osten Zugvogel (März bis Sept./Okt.).

> **Nest**

Meist in Halbhöhlen und Nischen, an natürlichen Standorten in Bodennähe, heute vor allem an und in Gebäuden. Das hauptsächlich vom ♀ in 4–7 Tagen gebaute Nest besteht aus einem Haufen dürrer Pflanzen und einer mit Federn und Haaren ausgelegten Mulde.

> **Eier**

Das Gelege enthält 3–6 (7) hellgraue bis weißliche Eier (20 x 15 mm), auf denen kleine scharfe graue bis braune Flecken fein verteilt sind. 2 Jahresbruten sind die Regel.

> **Brut**

Die Brutdauer beträgt 11–16 Tage. Nachts brütet das ♀, tags beteiligt sich auch das ♂.

> **Junge**

Das Dunenkleid der Nesthocker ist dunkelgrau, unterseits sehr schütter; Schnabelwülste blassgelb, Rachen orangegelb. Beide Eltern füttern. Nach 13–14 Tagen sind die Jungen flügge, werden aber noch 4–7 Tage gefüttert.

> **Förderung/Aufzucht**

Mit Halbhöhlenkästen kann man die Ansiedlung von Bachstelzen fördern. – Zur Aufzucht von Nestlingen siehe S. 26 ff.

> **Nahrung**

Kleine Insekten, die am Boden, an Ufern und in der Luft gefangen werden; auch Flohkrebse und kleine Fischchen.

Die Eier der Bachstelze sind gut getarnt, obwohl das Nest in Halbhöhlen steht.

Junge Bachstelzen sind noch nicht so klar schwarz-weiß gezeichnet wie die Alten.

Wasseramsel
Cinclus cinclus

➤ **Aussehen**
Ein dunkelbrauner Vogel mit weißem Latz und oft gestelztem, kurzen Schwanz.

➤ **Vorkommen**
Als Brutvogel lückenhaft in ganz Europa an klaren Bächen und Flüssen verbreitet. Standvogel, in Nordeuropa Teilzieher.

➤ **Nest**
Über oder am Wasser, auch hinter Wasserfällen, meist in Nischen. Das Nest ist eine stattliche Mooskugel mit seitlichem Eingang; die Nistmulde ist mit Grasrispen und Blättern säuberlich ausgelegt. Beide Partner verbauen nasses Material, die Polsterung der Nistmulde übernimmt das ♀ allein. Der Bau dauert 9–39 Tage. Ein ♂ hat oft zwei ♀.

➤ **Eier**
Das Gelege besteht aus 5 (3–6) weißen bis rahmfarbenen Eiern (25 x 18 mm). Auf die 1. Brut folgt häufig eine 2.

Eine Wasseramsel trägt feuchtes Buchenlaub in ihr großes Backofennest aus Moos.

In einem Mantelnest aus Moos befindet sich das eigentliche Nest der Wasseramsel.

➤ **Brut**
Das ♀ brütet alleine und wird vom ♂ gefüttert; nach 16–17 Tagen schlüpfen die Jungen.

➤ **Junge**
Die Nesthocker tragen an Kopf und Rücken dichte, lange dunkelgraue Dunen; ihre Schnabelwülste sind weißlichgelb, ihr Rachen ist orangegelb. Sie werden von beiden Eltern gefüttert. Mit 24–26 Tagen sind die Jungen flügge, meist verlassen sie das Nest aber schon einige Tage früher, bei Störung sogar schon ab dem 12. Tag. Bereits vor dem Fliegen können sie schwimmen.

Nach dem Ausfliegen werden sie weiter gefüttert und sind erst mit 31–34 Tagen selbstständig.

➤ **Förderung/Aufzucht**
Unter Brücken und an anderen geschützten Plätzen an klaren Fließgewässern aufgehängte geräumige Halbhöhlenkästen werden gerne bezogen. – Zur Aufzucht von Nestlingen siehe S. 26 ff. Freilassung an einem geeigneten (dem heimatlichen) Fluss oder Bach.

➤ **Nahrung**
Würmer, Insekten(-larven), Weichtiere und kleine Fischchen.

Das Backofennest des Zaunkönigs mit seitlichem Eingang.

Zaunkönig
Troglodytes troglodytes

➤ **Aussehen**
Sehr kleiner, erdbrauner Vogel, der häufig den kurzen Schwanz stelzt.

➤ **Vorkommen**
Brutvogel in ganz Europa; im NO Zugvogel, sonst Standvogel. Die reviertreuen ♂ sind oft mit mehreren (bis zu 4) weniger revier- und partnertreuen ♀ verpaart.

➤ **Nest**
Das ♂ baut mehrere Wahlnester, aus denen sich das (die) ♀ eins aussucht. Neststand meist auf oder nahe dem Boden, bevorzugt in den Wurzeltellern umgestürzter Bäume, aber auch in Kletterpflanzen und Reisighaufen sowie in niedriger und dichter Vegetation. Das Nest ist ein ovaler Bau aus Moos und Laub mit seitlichem Schlupfloch. Die In-

nenpolsterung mit Federn, Wolle u.ä. wird vom ♀ übernommen.

➤ **Eier**
Gelege mit 5–7 (4–8) weißen Eiern (16 x 12 mm), die rostrot oder braun gefleckt sind, am stumpfen Pol zu Ring oder Kappe verdichtet. Auf die 1. folgt häufig eine 2. Brut.

Nest und Gelege des Zaunkönigs sind zwischen Baumwurzeln meist gut versteckt.

➤ **Brut**
Das ♀ brütet allein und wird vom ♂ nur selten gefüttert. Nach 13–15 Tagen schlüpfen die Jungen.

➤ **Junge**
Die Nesthocker tragen an Kopf und Rücken kurze, schüttere graue Dunen; Schnabelwülste blassgelb, Rachen leuchtend gelb. Anfangs füttert nur das ♀, später auch das ♂. Nach 15–19 Tagen verlassen die Jungen das Nest, werden aber noch etwa 18 Tage von ♀ und/oder ♂ begleitet und schlafen oft gemeinsam in einem der Wahlnester.

➤ **Förderung/Aufzucht**
Niedrig aufgehängte Halbhöhlenkästen werden gerne angenommen, auch Reisighaufen sind katzensichere Nistplätze. – Zur Aufzucht siehe S. 26 ff.

➤ **Nahrung**
Kleine Insekten(-larven), Spinnen und Sämereien.

Hecken-braunelle
Prunella modularis

> **Aussehen**

Unscheinbar braun-grauer Vogel mit hoher, kräftiger Strophe.

> **Vorkommen**

Brutvogel in ganz Europa; im Norden und Osten Zugvogel, sonst Stand- oder Strichvogel. Häufig haben ♂ und ♀ eigene Reviere, und es gibt sowohl Polygynie (Vielweiberei) als auch Polyandrie (Vielmännerei). Eine 2. Jahresbrut findet fast regelmäßig statt.

> **Nest**

In dichter Gehölzvegetation (niedrigen Nadelbäumen), Reisighaufen und Kletterpflanzen. Nest ziemlich groß, mit Unterbau aus Ästchen und Napf aus Moos und/oder Flechten, innen mit Haaren und feinen Fasern gepolstert. Das ♀ baut, vom ♂ begleitet.

Im dichten Gezweig von Nadelbäumen zieht die Heckenbraunelle ihre Jungen auf.

> **Eier**

Das Gelege besteht aus 4–6 (3–7) glänzend türkisblauen Eiern (19 x 14 mm).

> **Brut**

Das ♀ brütet allein und wird nicht vom ♂ gefüttert, obwohl es wiederholt zu Besuch kommt.

Nach 11–13 Tagen schlüpfen die Jungen.

> **Junge**

Die Dunen der Nesthocker sind an Kopf und Rücken lang und schwarz; Schnabelwülste weißlichrosa, Rachen hellorange mit 2 schwarzen Punkten auf der Zunge. Die Nestlingszeit dauert etwa 13 Tage, nach dem Ausfliegen werden die Jungen noch eine Weile gefüttert.

> **Förderung/Aufzucht**

Die relativ häufige Art bedarf keiner besonderen Förderung. – Zur Aufzucht von Nestlingen siehe S. 26 ff.

> **Nahrung**

Im Sommer Insekten(-larven), Spinnen, Würmer, Schnecken; im Winter Sämereien und Beeren.

Aus den türkisblauen Eiern schlüpfen kleine rote Heckenbraunellen.

Das Hausrotschwanz-Männchen wartet nach dem Füttern auf einen Kotballen.

Haus-rotschwanz

Phoenicurus ochruros

➤ Aussehen

Ein dunkler (♂ fast ganz schwarz) Vogel mit rostrotem Schwanz.

➤ Vorkommen

Brutvogel in weiten Teilen Europas (fehlt im Norden). Im Süden und Westen Standvogel, sonst Zugvogel von März bis Oktober.

Ein noch sehr kindlich wirkender Hausrotschwanz kurz nach dem Ausfliegen.

➤ Nest

Das Nest steht in Nischen, Halbhöhlen und auf Simsen, an Gebäuden ebenso wie an Felsen, auch unter Brücken sowie nah am Boden. Für die 2. Brut wird nicht selten das gleiche Nest nochmals verwendet. Nest aus Halmen, Moos und Flechten, manchmal auch aus zivilisatorischen Abfallstoffen. Die Mulde wird fein ausgepolstert. Das ♀ baut allein 6–8 Tage.

➤ Eier

Das Gelege besteht aus 4–6 (3–7) rein weißen Eiern (19 x 14 mm).

Obwohl nur Halbhöhlenbrüter, hat der Hausrotschwanz weiße Eier.

➤ Brut

Das ♀ brütet allein. Nach 13 (12–16) Tagen schlüpfen die Jungen.

➤ Junge

Die Nesthocker tragen an Kopf und Rücken lange, dichte dunkelgraue Dunen; Schnabelwülste weißlich, Rachen gelb. Anfangs verfüttert allein das ♀ das vom ♂ herbeigeschaffte Futter. (♂ mit 2 ♀ versorgen beide.) Mit 12–19 Tagen verlassen die Jungen das Nest, werden aber noch mehr als 10 Tage von den Eltern gefüttert.

➤ Förderung/Aufzucht

Halbhöhlen-Nistkästen oder Brettchen unterm Dach werden gerne angenommen. – Zur Aufzucht von Nestlingen siehe S. 26 ff.

➤ Nahrung

Spinnen und Insekten(-larven und -puppen), im Spätsommer und Herbst auch Beeren.

Garten-rotschwanz
Phoenicurus phoenicurus

> **Aussehen**

♂ mit kräftig orangeroter Brust und Bauch, schwarzem Gesicht, weißer Stirn, schiefergrauer Oberseite und rostrotem Schwanz; ♀ unscheinbar, aber ebenfalls mit rotbraunem Schwanz.

> **Vorkommen**

Selten gewordener Brutvogel in ganz Europa, außer Irland; in lichten Altholzbeständen, Parks und alten Gärten. Zugvogel (Ende April/Anfang Mai bis Aug./Sept.).

> **Nest**

Höhlen-, Halbhöhlen- und Freibrüter. Das ♂ zeigt dem später eintreffenden ♀ mehrere Höhlen, unter denen das ♀ dann die Wahl trifft. Im Allgemeinen werden Höhlen (auch Nistkästen) mit größerem Eingang bevorzugt; auch Dachbalken, Fels- und Rindenspalten, Bodenlöcher, Bäume, Sträucher und Kletterpflanzen

Obwohl ein echter Höhlenbrüter, legt der Gartenrotschwanz blaue Eier.

werden als Neststandorte gewählt. Das vom ♀ gebaute Nest kann aus den verschiedensten (Pflanzen-)Materialien bestehen, die Mulde ist oft mit Federn ausgekleidet.

> **Eier**

Das Gelege besteht aus 6–7 (3–9) einfarbig grünlichblauen Eiern (19 x 14 mm); das seltene Zweitgelege ist meist kleiner.

> **Brut**

Das ♀ brütet allein und wird nur selten vom ♂ gefüttert; die Brutdauer beträgt 12–14 Tage.

> **Junge**

Die Nesthocker haben eine gelbe Haut, lange dunkle Dunen auf Kopf und Rücken, gelblichweiße Schnabelwülste und einen blassorangen Rachen. Das ♀ füttert häufiger als das ♂. Nach 13–15 Tagen verlassen die Jungen das Nest, bleiben aber meist mehrere Tage am Boden, obwohl sie schon recht gut fliegen können. Die Familie löst sich bereits nach 7–8 Tagen auf.

> **Förderung/Aufzucht**

Nistkästen mit größerem (hochovalen) Schlupfloch (5 x 3 cm), aber auch niedrig gehängte Halbhöhlenkästen können diesen vielerorts selten gewordenen, lieblich singenden Vogel in Gärten mit alten Bäumen locken. – Zur Aufzucht von Nestlingen siehe S. 26 ff.

> **Nahrung**

Insekten(-larven) und Spinnen, die am Boden sowie in den Bäumen gesucht werden, gelegentlich auch Beeren.

Das hübsch gefärbte Männchen des Gartenrotschwanzes beteiligt sich am Füttern der Jungen.

Junge Gartenrotschwänze sind heller und gefleckter als Hausrotschwänze.

Amsel
Turdus merula

> **Aussehen**

♂ schwarz, mit orangem Schnabel; ♀ dunkelbraun.

> **Vorkommen**

Brütet in Wäldern, Parks und Gärten in ganz Europa. Im Norden und Osten Zugvogel, sonst Stand- und Strichvogel.

> **Nest**

Das Nest findet man an den verschiedensten Standorten, meist etwas überdacht und nicht sehr hoch stehend: In dichten Bäumen und Sträuchern, in Kletterpflanzen, auf Dachbalken und Balkonen, in Schuppen usw. Die Nestbasis besteht aus dünnen Zweigen, groben Halmen, Moos usw., die Nestwand aus feinerem Pflanzenmaterial. Die Mulde des Rohbaus legt das ♀ mit Schlamm oder feuchtem Lehm aus, worauf dann noch eine Schicht aus fei-

Das Jugendkleid vieler Drosselartiger ist braunscheckig-tarnfarben.

Amseln bauen ordentliche Nester, oft mit »versteckter Lehmschicht«.

nem Pflanzenmaterial folgt (vgl. Singdrossel). All das dauert nur 2–5 Tage, manchmal nur 1–2 Tage. Bei 2–3 Jahresbruten wird für jede Brut ein neues Nest gebaut.

> **Eier**

Das Gelege besteht aus 4–5 (3–6) grünen, braun gefleckten Eiern (29 x 22 mm).

> **Brut**

Das ♀ brütet allein und versorgt sich auch selbst während der 11–16 Tage dauernden Brutzeit.

> **Junge**

Die Nesthocker tragen an Kopf und Rücken hell zimtgraue, ziemlich lange und schüttere Dunen, die Schnabelwülste sind gelblichweiß, der Rachen ist gelb. Beide Eltern füttern. Nach 12–19 Tagen verlassen die Jungen das Nest, oft bevor sie richtig fliegen können. Sie hocken dann auf dem Boden und werden leicht das Opfer von Katzen. Erst mit 18 Tagen sind sie flügge, werden aber meist noch 2 Wochen gefüttert.

> **Förderung/Aufzucht**

Die überall häufigen Amseln bedürfen keiner besonderen Förderung. – Zur Aufzucht von Nestlingen siehe S. 26 ff.

> **Nahrung**

Im Sommer überwiegend Regenwürmer, Bodeninsekten(-larven), Schnecken, Spinnen usw., ab Spätsommer auch Beeren und Früchte, im Winter auch Sämereien (die aber nur teilweise verdaut werden).

Amseln ziehen pro Jahr 2–3mal 4–5 Junge auf; hier das Männchen beim Füttern.

Singdrossel
Turdus philomelos

> **Aussehen**

Etwas kleiner als Amsel, oberseits heller braun, Unterseite mit dunklen Flecken(-reihen).

> **Vorkommen**

Brutvogel der Wälder in ganz Europa (in Spanien nur inselartig). Im kontinentalen Klima Zugvogel (März/April bis Sept./Okt.).

> **Nest**

In Bäumen oder Sträuchern, bevorzugt in Koniferen, im Siedlungsbereich auch an ungewöhnlichen Standorten. Das äußere Nest besteht aus locker verwobenen Zweigen, Gras u.a., die Mulde wird mit einer Schicht Holzmulm und feuchter Erde glatt ausgestrichen und dann nicht mehr (wie bei der Amsel) mit Nistmaterial ausgelegt.

> **Eier**

Das Gelege besteht aus 4–6 grünblauen Eiern (27 x 20 mm), die am stumpfen Pol locker mit

Singdrosseln bringen jährlich erheblich weniger Junge hervor als Amseln.

dunklen runden Flecken und Punkten gezeichnet sind. 2(–3) Jahresbruten sind die Regel.

> **Brut**

Nach 12–14 Tagen der Bebrütung durch das ♀ schlüpfen die Jungen.

> **Junge**

Die Nesthocker tragen ziemlich lange gelblichbraune Dunen an Kopf und Rücken; ihre Schnabelwülste sind blaßgelb, der Rachen ist gelb. Beide Partner füttern die Jungen 13–14 Tage im Nest und danach noch 2 Wochen außerhalb.

> **Förderung/Aufzucht**

Dichte Nadelgehölze im Garten werden zunehmend von Singdrosseln als Brutplatz angenommen. Die frisch ausgeflogenen Jungen sind von Katzen sehr bedroht. – Zur Aufzucht von Nestlingen siehe S. 26 ff.

> **Nahrung**

Regenwürmer, Käferlarven, Schnecken, im Herbst auch Beeren und Früchte.

Singdrosseln tapezieren ihr Nest mit einer glatten Schicht Mulm oder Lehm.

Das bodennahe Nest des Rotkehlchens.

Rotkehlchen
Erithacus rubecula

➤ Aussehen
Ein rundliches Vögelchen mit brauner Oberseite, heller Unterseite und orangerotem Latz; Geschlechter gleich.

➤ Vorkommen
Brutvogel in ganz Europa; im NO Zugvogel, sonst Stand- und Strichvogel. Balz und Paarbildung finden bei Standvögeln schon im Dez./Jan. statt.

➤ Nest
Neststand sehr variabel: in Bodenlöchern und -vertiefungen, in Abbrüchen und Böschungen, unter Grasbüscheln, Wurzeln und Steinen, sogar in alten Gefäßen und Röhren. Nest aus Moos, trockenen Halmen und Wurzeln, tief napfförmig, manchmal mit hochgezogener Wand und Dach; die Mulde wird mit feinen Materialien gepolstert. Das ♀ baut allein 4–5 Tage. Für die Zweitbrut wird meist ein neues Nest gebaut.

➤ Eier
Das Gelege besteht aus 3–6 gelblichen Eiern (19 x 15 mm), die mit vielen rostbraunen Punkten und Linien gezeichnet sind, am stumpfen Pol oft gehäuft.

➤ Brut
Das ♀ brütet allein 12–15 Tage und wird vom ♀ meist in der Nähe des Nestes gefüttert.

➤ Junge
Die Nesthocker tragen an Kopf und Rücken lange schwärzliche Dunen; Schnabelwülste und Rachen gelb. Beide Eltern füttern. Die Jungen verlassen mit 13–15 Tagen das Nest, werden aber noch 10–20 Tage betreut.

➤ Förderung/Aufzucht
Durch niedrig aufgehängte Halbhöhlenkästen kann man Rotkehlchen zur Reviergründung bewegen. – Zur Aufzucht von Nestlingen siehe S. 26 ff.

➤ Nahrung
Zur Brutzeit vielerlei Kleintiere (des Bodens), später Beeren, im Winter Sämereien.

Die Eier des Rotkehlchens sind meist am stumpfen Pol stärker gezeichnet.

In ihrem Jugendkleid sind Rotkehlchen nur schwer zu erkennen.

Teich-rohrsänger
Acrocephalus scirpaceus

➤ Aussehen
Oben etwas dunkler, unten etwas heller sandfarben, Flügel und Schwanz braun gewöhnlich nur am Gesang vom Sumpfrohrsänger zu unterscheiden.

➤ Vorkommen
Brutvogel der Röhrichte in nahezu ganz Europa (fehlt im höheren Norden). Zugvogel (Ende April bis Sept./Okt.).

➤ Nest
Das ♀ wählt den Nistplatz aus. Dort wird das Nest kunstvoll zwischen Schilfhalme gewebt, meist aus vorjährigen Schilfrispen und 60–80 cm über dem Boden oder Frühjahrshochwasser. Die Mulde ist 4–7 cm tief.

➤ Eier
Das Gelege besteht aus 3–5 Eiern (18 x 14 mm), die auf hellem Grund dicht verwaschen olivbraun gefleckt sind. Das nicht

Aufgehängt zwischen Schilfhalmen – das Nest des Teichrohrsängers.

Von oben sieht man, wie geschickt das Teichrohrsänger-Nest geflochten ist.

regelmäßige Zweitgelege ist meist kleiner.

➤ Brut
Die Bebrütung übernimmt tagsüber zu 65% und nachts zu 100% das ♀. Nach 11–13 Tagen schlüpfen die Jungen.

➤ Junge
Sie kommen nackt zur Welt, haben blassgelbe Schnabelwülste und einen orangegelben Rachen mit 2 ovalen schwarzen Punkten an der Zungenbasis. Sie werden bis zum 7. Tag gehudert und von beiden Eltern gefüttert, auch nach dem Ausfliegen noch 12 Tage.

➤ Förderung/Aufzucht
Die Erhaltung und der Schutz von Röhrichtbeständen ist die beste Förderung. – Zur Aufzucht von Nestlingen siehe S. 26 ff.

➤ Nahrung
Kleine Insekten, Spinnen und Schnecken.

Nest des Gelbspötters in einem Holunderstrauch.

*G*elbspötter
Hippolais icterina

➤ **Aussehen**
Ein meist nur durch seinen kräftigen Gesang auffallender, unterseits gelblicher, oben grünlicher Vogel; ähnlich Zilzalp und Fitis, aber etwas größer.

➤ **Vorkommen**
Eine von Mittelfrankreich an ostwärts verbreitete Art (südwestlich durch den sehr ähnlichen Orpheusspötter ersetzt), die lockere, vielstufige Laubgehölze bevorzugt; auch in Friedhöfen und Parks. Zugvogel (Mai bis Aug.).

➤ **Nest**
Das Nest steht in höheren Sträuchern und Laubbäumen und wird gelegentlich zwischen

Rosa sind die Eier und ordentlich geflochten ist das Nest des Gelbspötters.

Zweigen aufgehängt. Es besteht aus einem mit Grashalmen und Fasern vom ♀ sorgfältig geflochtenen Napf; die 35–60 mm tiefe Mulde ist mit feinem Material gepolstert.

➤ **Eier**
Das Gelege besteht aus 4–5 (3–7) hell rosaroten Eiern (18 x 13 mm), die mit scharfen schwarzbraunen Punkten besetzt sind.

➤ **Brut**
Das Bebrüten der Eier durch das ♀ dauert 12–14 Tage; gelegentlich füttert das ♂.

➤ **Junge**
Die Nesthocker schlüpfen ganz nackt, haben blassgelbe Schnabelwülste und einen blass orangegelben Rachen mit 2 schwarzen ovalen Flecken an der Zungenbasis. Sie werden 6 Tage vom ♀ gehudert und von beiden Eltern 13–15 Tage im Nest gefüttert.

➤ **Förderung/Aufzucht**
Katzensichere, reich strukturierte Laubgehölze (z.B. Hecken) können auch im Garten für den guten Sänger attraktiv sein. – Zur Aufzucht von Nestlingen siehe S. 26 ff.

➤ **Nahrung**
Insekten und Spinnen, auch Raupen, im Herbst zusätzlich Beeren.

Mönchs-grasmücke
Sylvia atricapilla

➤ **Aussehen**

Ein grauer Vogel, bei dem das ♂ eine schwarze, das ♀ eine braune Kappe trägt. Der Gesang ist laut und jubelnd.

➤ **Vorkommen**

Brutvogel in ganz Europa (fehlt im höheren Norden), bevorzugt in strukturreichen Laubgehölzen, auch in Gärten. Zugvogel (Apr. bis Okt.), im Westen (Küsten) und Süden Strandvogel.

➤ **Nest**

Das ♂ baut oft ein bis mehrere Wahlnester, das ♀ wählt aus. Neststandort meist Sträucher oder Stauden (Brennnesseln). Das Nest wird von beiden Geschlechtern aus kreisförmig angeordneten und verwobenen Halmen, Stängeln und Wurzeln ziemlich locker gebaut (aber kleiner und sorgfältiger als bei der Gartengrasmücke); es ist deswegen oft durchsichtig.

Die Mönchsgrasmücke baut ein eher dünnes und flaches Nest.

Das Weibchen mit den teilweise noch blinden Jungen.

➤ **Eier**

Das Gelege besteht aus 3–6 (2–7) rötlich- bis rotbraun-weißlichen Eiern (19 x 14 mm), die oft nur wenig braun, schwärzlich oder grau gefleckt oder bekritzelt sind.

➤ **Brut**

♂ und ♀ brüten 13–14 Tage, nachts nur das ♀.

➤ **Junge**

Die nackten Nesthocker haben schmutzig weiße Schnabelwülste und einen matt rosa Rachen mit 2 länglichovalen blassbraunen Flecken an der Zungenbasis. Sie werden 6–7 Tage von beiden Eltern gehudert und 10–15 Tage im Nest gefüttert und nach dem Ausfliegen noch 2–3 Wochen betreut.

➤ **Förderung/Aufzucht**

Katzensichere Strauch-Stauden-Dickichte bieten den Grasmücken auch im Garten Nistmöglichkeiten. – Zur Aufzucht von Nestlingen siehe S. 26 ff.

➤ **Nahrung**

Insekten(-larven), Spinnen und anderen Kleintiere, später viele Beeren, im Frühjahr Nektar und Staubblätter.

Die typische Backofenform des Zilpzalp-Nestes.

Zilpzalp
Phylloscopus collybita

> **Aussehen**

Ein ganz unscheinbarer grünlicher Vogel, der durch seinen ständigen »zipzapzapzip«-Gesang auffällt.

> **Vorkommen**

Brutvogel in ganz Europa, wo er nur im Süden und Westen Stand- und Strichvogel ist; sonst Zugvogel (März bis Okt.).

> **Nest**

Wie bei allen Laubsängern steht sein Nest auf oder nahe dem Boden, gut versteckt in dichter Vegetation. Das Nest ist ein backofenförmiger Bau mit seitlichem, querovalen Eingang; es besteht aus dürren Halmen, Grasblättern und Rispen und enthält innen eine dicke Auskleidung aus feinen Pflanzenmaterialien und Federn. Das ♀ baut allein 4–6 Tage,

wobei 1200–1500 Transportflüge erforderlich sind.

> **Eier**

Das Gelege besteht aus 4–6, bei Zweitbruten aus 3–5 Eiern (15 x 11 mm), die auf weißem Grund dunkelbraun bis schwarz gefleckt sind.

> **Brut**

Das ♀ brütet ohne Hilfe des ♂; nach 14–15 Tagen schlüpfen die Jungen.

> **Junge**

Die Nesthocker tragen nur an Kopf und Schultern einige dunkle

kurze Dunen; die Schnabelwülste sind weißgelb, der Rachen ist schmutzig gelb. Nach einer Nestlingszeit von 17–19 Tagen werden die Jungen noch 10–20 Tage gefüttert.

> **Förderung/Aufzucht**

Bei entsprechend dicht verfilzter Kraut-Strauch-Schicht findet der Zilpzalp auch im Garten Brutmöglichkeiten. – Zur Aufzucht von Nestlingen siehe S. 26 ff.

> **Nahrung**

Kleine Insekten(-larven), Beeren, Nektar und Pollen.

Zart gezeichnet und weich gebettet – die Eier vom Zilpzalp.

Auch das Männchen beteiligt sich an der Fütterung.

Sommergold-
hähnchen
Regulus ignicapillus

➤ Aussehen
Ein insgesamt unscheinbares graues Vögelchen mit markanter Kopfzeichnung: schwarzer Augenstrich, weißer Überaugenstrich

Kunstvoll gewoben und zwischen Nadelzweigen aufgehängt – das Nest des Sommergoldhähnchens.

und ein schwarz eingefasster oranger (♂) beziehungsweise gelber (♀) Scheitel, der freilich oft schlecht zu sehen ist.

➤ Vorkommen
Ein auf Mittel-, West- und Südeuropa beschränkter Vogel, der in Deutschland meist Zugvogel (April bis Sept.) ist.

➤ Nest
Das Nest wird meist hoch in einer Fichte im äußeren Astbereich eingewoben. Es ist kugelförmig mit Öffnung nach oben und besteht aus Moos, Flechten und Spinnfäden, innen ist es mit kleinen Federn gepolstert. Es baut nur das ♀, das dafür die bemerkenswert lange Zeit von 22 Tagen benötigt. Das Nest für die Zweitbrut wird schneller errichtet.

➤ Eier
Das Gelege besteht aus 8–10

(5–13) Eiern (13 x 10 mm), die auf rosa bis rostbraunem Grund dunkelbraun punktiert sind.

➤ Brut
Das ♀ brütet allein und wird während dieser Zeit vom ♂ gefüttert. Die Jungen schlüpfen nach 14–16 Tagen.

➤ Junge
Die Nesthocker tragen nur am Kopf Dunen und werden anfangs viel gehudert. Im Alter von 19–20 Tagen verlassen sie das Nest, werden aber noch etwa 2 Wochen umsorgt.

➤ Förderung/Aufzucht
Alte Fichten werden auch in Gärten von Sommer- und Wintergoldhähnchen besiedelt. – Zur Aufzucht siehe S. 26 ff.

➤ Nahrung
Sehr kleine, weichhäutige Insekten (Blattläuse), im Frühjahr auch Nektar und Pollen.

Wie viele Jungvögel tragen auch junge Grauschnäpper ein tarnfarbenes Jugendkleid.

Der unscheinbare Grauschnäpper mit Futter für die Jungen.

Grauschnäpper
Muscicapa striata

➤ Aussehen
Ein bräunlichgrauer Vogel mit hellerer, gestrichelter Unterseite.

➤ Vorkommen
Brutvogel in ganz Europa, Zugvogel (Mai bis Sept.).

➤ Nest
Das Nest steht meist in Nischen und Halbhöhlen, kann aber auch stammnah auf Bäumen und in Astgabeln gefunden werden, oft an Gebäuden. Das Nest ist ein relativ lockerer Bau, hat aber eine tiefe Mulde, die mit Wolle und anderen Tierhaaren weich gepolstert ist.

➤ Eier
Das Gelege besteht aus 4–5 (2–6) hellgrünlichen bis beigen Eiern (18 x 14 mm), die graue Unterflecken und rostbraune Oberflecken tragen. Häufig gibt es eine zweite Brut.

➤ Brut
Das ♀ brütet und wird gelegentlich vom ♂ gefüttert. Nach 11–15 Tagen schlüpfen die Jungen.

➤ Junge
Die Nesthocker tragen lange, schüttere, dunkle Dunen an Kopf, Rücken und Schenkeln; die Schnabelwülste sind hellgelb, Rachen orangegelb. Nach 12–16 Tagen verlassen sie das Nest, werden dann aber noch 3 Wochen gefüttert.

➤ Förderung/Aufzucht
Durch weit offene Halbhöhlen-Nistkästen, Brettchen an Mauern unterm Dach oder Dachbalken kann man dem Grauschnäpper gute Nistmöglichkeiten bieten (die sich auch für Bachstelzen eignen). – Zur Aufzucht von Nestlingen siehe S. 26 ff.

➤ Nahrung
Fliegende Insekten; im Herbst auch Beeren.

Kräftig rostbraun gefleckt – die Eier des Grauschnäppers.

Beutelmeise

Remiz pendulinus

> **Aussehen**

Ein im Schulterbereich brauner, sonst weißlicher Vogel mit schwarzer Augenmaske.

> **Vorkommen**

Inselartig, vor allem im östlichen und südlichen Europa; in den nördlicheren Teilen Zugvogel (April bis Sept./Okt.).

> **Nest**

Das hängende Nest wird an den äußersten Zweigen von Weiden, Pappeln, Birken u.a. Laubbäumen 1–8 m über dem Wasser oder 1–2 m über dem Boden befestigt. In der Regel beginnt das ♂ den Nestbau und sucht sich dann ein ♀, mit dem es den Bau vollendet. Es ist ein sehr kunstvoll aus den Samenhaaren von Pappeln und Weiden, Tierhaaren, Bastfasern gewobener dickwandiger Beutel, dessen seitliche Eingangsöffnung zu einer kurzen Röhre ausgezogen ist. Das Nest ist 14–20 cm hoch.

Das fertige Hängenest ist eine fast uneinnehmbare Kinderwiege.

> **Eier**

Das Gelege besteht aus 2–8 (9) reinweißen Eiern. Ein ♀ kann (oft mit mehreren ♂ und Nestern) bis zu 3 erfolgreiche Bruten im Jahr machen.

> **Brut**

Welcher Partner hauptsächlich oder allein brütet, scheint in den verschiedenen Populationen unterschiedlich zu sein. Nach 12–14 Tagen schlüpfen die Jungen.

> **Junge**

Die nackten Nesthocker haben gelbe Schnabelwülste und einen hellorangen Rachen mit 2 länglichen, düsteren Flecken am Gaumen. Nach 17–19 (15–20) Tagen verlassen die flüggen Jungen das Nest, bleiben aber noch einige Wochen im Familienverband.

> **Förderung/Aufzucht**

Zur Aufzucht von Nestlingen siehe S. 26 ff.

> **Nahrung**

Kleine Insekten und Spinnen, im Herbst und Winter auch kleine Sämereien, im Frühjahr Nektar und Pollen.

Das Nest der Beutelmeise gehört zu den kunstfertigsten; hier im »Henkelkorbstadium«.

Warm und bestens geschützt liegen die Eier der Beutelmeise im Filzsack.

Kaum weniger kunstvoll als das Nest der Beutelmeise ist das der Schwanzmeise.

Schwanzmeise
Aegithalos caudatus

➤ Aussehen
Ein oberseits braun, schwarz und weiß, unterseits weiß bis rötlichbraun gefärbter Federball mit langem schwarzen Schwanz.

➤ Vorkommen
Brutvogel in ganz Europa; Stand- und Strichvogel. Im Winter kommen oft die sehr hellen skandinavischen Vögel zu uns.

➤ Nest
Das fein gewobene Nest findet sich meist im hohen Gebüsch oder auf Bäumen, entweder stehend in Astgabeln oder hängend an den Zweigen von Nadelbäumen. Das Nest ist ein dickwandiger Bau mit seitlichem Eingang aus Spinnweben, Moos, dürren Halmen und Flechten; innen ist es mit bis zu 2000 kleinen Federn gepolstert. Obwohl sich beide Partner am Bau beteiligen, kann die Bauphase bis 30 Tage dauern.

➤ Eier
Das Gelege besteht aus 8–12 (6–13) auf weißem bis gelblichem Grund fein roströtlich gefleckten Eiern (14 x 11 mm).

Das stattliche und gut gepolsterte Gelege der Schwanzmeise.

➤ Brut
Ob sich das ♂ am Brüten beteiligt ist unklar. Nach 12–14 Tagen schlüpfen die Jungen.

➤ Junge
Die Nesthocker sind nackt, Rachen und Schnabelwülste sind tiefgelb. ♀ und ♂ füttern, manchmal unterstützt von Vögeln, die ihre Brut verloren haben. Nach 14–18 Tagen verlassen die flüggen Jungen das Nest, werden aber noch mindestens 2 Wochen gefüttert.

➤ Förderung/Aufzucht
Zur Aufzucht von Nestlingen siehe S. 26 ff.

➤ Nahrung
Kleine Insekten(-larven), Spinnen, gelegentlich kleine Knospen und Früchte, Fett am Futterhaus.

Tannenmeise
Parus ater

> **Aussehen**

Eine bräunlich graue Meise, die am schwarzen Kopf große weiße Wangenflecken und einen auffallenden weißen Nackenfleck trägt. Kann mit der grauen Sumpfmeise verwechselt werden, die nur einen kleinen schwarzen Latz und keinen weißen Nackenfleck hat.

> **Vorkommen**

Brut- und Standvogel in nahezu ganz Europa; bewohnt Nadel- und Mischwälder, auch Gärten mit einigen großen Nadelbäumen.

> **Nest**

Das Nest wird vom ♀ in Baumhöhlen, Nistkästen, Mauer- oder Erdlöchern gebaut. Es ist ein dichter, verfilzter Napf aus Moos und Spinnweben, der innen mit Haaren, Federn oder Pflanzenwolle ausgelegt ist. In der Regel

Tannenmeise mit Futter für die Jungen.

ist der Bau nach 4–8 Tagen beendet.

> **Eier**

Das Gelege besteht aus 8–9 (5–12) weißlichen Eiern (15 x 12 mm) mit rosrötlichen Flecken (ähnlich anderen Meiseneiern).

> **Brut**

Das ♀ brütet allein und wird gelegentlich vom ♂ gefüttert. Nach 13–16 Tagen schlüpfen die Jungen.

> **Junge**

Die Nesthocker tragen am Kopf ziemliche lange, am Rücken kürzere graue Dunen, haben einen rosa-orangen Rachen und blassgelbe Randwülste. Von beiden Eltern gefüttert, verlassen sie nach 18–21 Tagen die Nisthöhle, sind aber erst nach weiterer 2 Wochen ganz selbstständig.

> **Förderung/Aufzucht**

Hoch hängende Nistkästen mit kleinen Fluglöchern (26 mm) werden gerne angenommen, wenn genügend Fichten in der Nähe sind. – Zur Aufzucht siehe S. 26 ff.

> **Nahrung**

Im Sommerhalbjahr überwiegend Insekten und Spinnen, sonst Sämereien, bevorzugt Koniferensamen, aber auch Bucheckern.

Flügge Tannenmeise kurz nach dem Ausfliegen.

Gut geschützt im hölzernen Nistkasten wachsen die jungen Blaumeisen auf.

Blaumeisen-Gelege sind oft erstaunlich groß.

Blaumeise
Parus caeruleus

> **Aussehen**
Ähnlich Kohlmeise, aber kleiner und mit Blau an Scheitel, Flügeln und Schwanz.

> **Vorkommen**
Weit verbreiteter Brutvogel in ganz Europa; Stand- und Strichvogel.

> **Nest**
Ursprünglich in natürlichen Baum- und Mauerhöhlen, heute vielfach in Nistkästen. Nestunterbau aus Moos und Zweigen; die Mulde wird dick mit Tierhaaren und Federn ausgekleidet. Das ♀ baut allein.

Kurz nach dem Ausfliegen sind junge Blaumeisen besonders gefährdet.

> **Eier**
Das Gelege besteht aus 9–11 (5–15) auf weißem Grund rötlich gefleckten Eiern (16 x 12 mm). Recht häufig wird eine zweite Brut vorgenommen.

> **Brut**
Das ♀ brütet allein und wird vom ♂ gefüttert. Die Brutdauer beträgt 13–15 Tage.

> **Junge**
Die Nesthocker tragen an Kopf und Schultern kurze, schüttere, grauweiße Dunen. Ihr Rachen ist matt orangerot, die Schnabelwülste sind matt gelb. Beide Eltern füttern 19–21 Tage im Nest und anschließend noch bis zu 2 Wochen die flüggen Jungen.

> **Förderung/Aufzucht**
Blaumeisen gehören zu den häufigsten Benutzern von Nistkästen, mit denen man sie sogar in weniger bevorzugte Lebensräume locken kann. – Zur Aufzucht von Nestlingen siehe S. 26 ff.

> **Nahrung**
Blatt- und Schildläuse, andere Insekten sowie Spinnen; im Herbst Beeren, Obst, Sämereien, Knospen, Blüten, Nektar.

Kohlmeise
Parus major

➤ **Aussehen**
Eine kräftige Meise mit schwarz-weißem Kopf, gelb-schwarzer Unterseite und olivfarbenem Rücken.

➤ **Vorkommen**
Weit verbreiteter Brut-, Stand- und Strichvogel in ganz Europa.

➤ **Nest**
Als Höhlenbrüter hat sich die Kohlmeise sehr auf Nistkästen eingestellt, brütet aber weiterhin auch in einer Vielfalt anderer Höhlen, von Spechthöhlen bis zu Felsspalten. Der Unterbau des Nestes besteht überwiegend aus Moos, mit dem auch Unebenheiten ausgefüllt werden; die Mulde wird aus einer dicken Schicht von Tierhaaren gebildet. Das ♀ baut allein, wird aber vom ♂ oft begleitet.

Nach dem Ausfliegen bleiben junge Kohlmeisen noch eine Weile zusammen und werden gefüttert.

Kohlmeise beim Füttern am Holzbetonkasten.

➤ **Eier**
Das Gelege besteht aus 7–10 (5–15) auf weißlichem Grund rötlich oder bräunlich gefleckten Eiern (18 x 13 mm).

➤ **Brut**
Das ♀ brütet allein und wird vom ♂ meist auf dem Nest gefüttert. Nach 13–14 Tagen schlüpfen die Jungen.

➤ **Junge**
Die Nesthocker tragen graue Dunen auf Kopf und Vorderrücken, spärlicher auf dem Rücken; ihr Rachen ist orangegelb, die Schnabelwülste sind blassgelb. Sie werden von beiden Eltern 18–21 Tage im Nest und anschließend noch etwa 3 Wochen im Freien gefüttert.

➤ **Förderung/Aufzucht**
Da Kohlmeisen gerne Nistkästen

beziehen, kann man sie damit sehr fördern, was aber meist nicht erforderlich ist, da sie ohnehin überall häufig sind. – Zur Aufzucht von Nestlingen siehe S. 26 ff.

➤ **Nahrung**
Vielseitig; Insekten(-larven), Spinnen, Bodentiere, später Samen, Beeren, Knospen; am Futterhaus gerne an Fetten.

Warm gepolstertes Kohlmeisen-Gelege.

Kleiber sind sehr behände Kletterer, die bekanntlich auch kopfüber absteigen können.

Kleiber
Sitta europaea

➤ Aussehen
Der oberseits blaugraue, unterseits rostrote Vogel mit dem schwarzen Augenstrich erinnert an einen kleinen Specht (Spechtmeise).

➤ Vorkommen
Brut- und Standvogel in baumreichen Landschaften weiter Teile Europas.

➤ Nest
Als Nestplatz bevorzugt werden geräumige Höhlen, deren Einschlupf mit Lehm verengt wird, wenn er zu groß ist. Bereits im Spätwinter zeigt das ♂ dem ♀ verschiedene Höhlen; die Bruthöhle wird dann vom ♀ ausgewählt. Heute werden vielfach Nistkästen bezogen (selbst solche für Enten), daneben aber natürliche Baumhöhlen, Spechthöhlen, Mauerlöcher usw. Das »Nest« besteht aus Holz- und Rindenstücken, die mit dünnen Plättchen der Kiefernrinde abgedeckt werden. Verklebt werden nicht nur der Eingang, sondern auch Unebenheiten in der Höhle. Das ♀ baut überwiegend allein und braucht 2–3 Wochen.

➤ Eier
Das Gelege besteht aus 6–7 (5–9) weißen, rötlich bis bräunlich gefleckten Eiern (20 x 14 mm).

➤ Brut
Das ♀ brütet allein und wird nur unregelmäßig vom ♂ gefüttert. Nach 15–19 Tagen schlüpfen die Jungen.

➤ Junge
Die Nesthocker tragen schüttere, lange, dunkelgraue Dunen an Kopf, Schultern und Rückenmitte; der Rachen ist dunkel fleischfarben, die Schnabelwülste sind rahmfarben. Die Jungen werden von beiden Eltern gefüttert. Erst nach 24 (20–28) Tagen sind sie flügge, bleiben aber noch weitere 10–14 Tage mit den Eltern zusammen.

➤ Förderung/Aufzucht
Durch das Aufhängen von Nistkästen kann man die Ansiedlung des Kleibers fördern. – Zur Aufzucht von Nestlingen siehe S. 26 ff.

➤ Nahrung
Im Frühjahr und Sommer hauptsächlich Insekten und Spinnen, ab Spätsommer Samen.

Selbst sehr große Höhleneingänge kann der Kleiber zumauern.

Ungewöhnlich, aber typisch: Kleiber polstern ihre Nester gern mit Kiefernrinde.

Garten-
baumläufer

Certhia brachydactyla

➤ **Aussehen**
Ein kleines braunes, an Stämmen kletterndes Vögelchen mit gebogenem Schnabel.

➤ **Vorkommen**
Brutvogel in Europa, außer Großbritannien und Skandinavien. In Laub- und Mischwäldern des Tieflandes – im Gegensatz zum sehr ähnlichen Waldbaumläufer, der vor allem auch Nadelwälder des Berglandes besiedelt. Standvogel.

➤ **Nest**
Das ♂ markiert mehrere Nistplätze mit Moos und Flechten und führt sie dann einem ♀ vor. Ritzen alter Bäume und Spalten hinter abgesprungener Rinde sind die bevorzugten Neststandorte, auch Mauerspalten und Nistkästen werden bezogen. Das Nest besteht aus Reisern, Bastfasern, Halmen und Gespinsten, die Mulde wird mit Federn ausgekleidet. Beide Partner bauen.

Gartenbaumläufer an einem Baumstamm, wie er ihn liebt.

Baumläufer-Gelege mit ungewöhnlichem Nistmaterial.

➤ **Eier**
Das Gelege besteht aus 5–6 (3–7) meisenähnlichen Eiern (16 x 12 mm), die auf weißem Grund dicht rötlich gefleckt sind.

➤ **Brut**
Das ♀ brütet 13–15 Tage.

➤ **Junge**
Die Nesthocker tragen auf dem Kopf dichte, lange dunkle Dunen; Rachen und Schnabelwülste sind gelb bis gelblichweiß. Beide Eltern füttern 17–19 Tage im Nest und anschließend noch eine Weile im Freien.

➤ **Förderung/Aufzucht**
Durch spezielle Baumläufer-Nistkästen mit stammnahem Einschlupf kann man die Ansiedlung von Gartenbaumläufern im Garten fördern, sofern genügend ältere Bäume die Nahrungsbasis garantieren. – Zur Aufzucht von Nestlingen siehe S. 26 ff.

➤ **Nahrung**
Kleininsekten und Spinnen, am Futterhaus auch Fette.

Gerade eben flügger Gartenbaumläufer.

Aus Wurzeln geflochtenes Neuntöter-Nest mit den typisch gefärbten Eiern.

Weibchen und Männchen des Neuntöters an ihrem Nest mit kleinen Jungen.

Neuntöter
Lanius collurio

➤ Aussehen
♂ mit rotbrauner Oberseite, zartrosa Unterseite, grauem Kopf und schwarzer Augenbinde; ♀ unscheinbarer, bräunlichgrau, mit geschuppter Unterseite.

➤ Vorkommen
Brutvogel im größten Teil Europas; bevorzugt insektenreiche offene Landschaften mit Hecken; Zugvogel (Mai bis Aug./Sept.).

➤ Nest
Das Nest steht meist niedrig in Büschen und kleinen Bäumen, besonders in Dornbüschen. Es besteht aus Zweigen, Stängeln und Moos; die Mulde mit einem Durchmesser von 5–8 cm wird mit feinen Fasern und Tierhaaren ausgelegt. Beide Partner bauen 4–6 Tage.

➤ Eier
Das Gelege besteht aus 5–6 (4–7) Eiern (22 x 17 mm), die auf hell grünlichem, gelblichem oder rötlichem Grund in verschie-denen Farben und Tönungen ge-fleckt sind, wobei die Flecken am stumpfen Pol oft einen Ring bilden.

➤ Brut
Das ♀ brütet allein 14–16 Tage.

➤ Junge
Die Nesthocker sind vollständig nackt und haben einen orange-gelben Rachen und hellgelbe Schnabelwülste. Sie werden anfangs ständig vom ♀ gehudert und vom ♂ allein gefüttert. Nach 13–15 Tagen verlassen die Jungen das Nest, beginnen aber erst nach 26 Tagen selbst Beute zu machen und sind erst mit 37–40 Tagen selbstständig.

➤ Förderung/Aufzucht
Das Pflanzen von Dornsträuchern in offenen Landschaften, besonders an sonnigen Hängen, kann dieser bedrohten Art nützlich sein. – Zur Aufzucht von Nestlingen siehe S. 26 ff.

➤ Nahrung
Käfer, Heuschrecken, Grillen, Spinnen, jungen Feldmäuse und Jungvögel.

Eichelhäher
Garrulus glandarius

➤ Aussehen
Ein kontrastreich gefärbter orange-beiger Vogel mit schwarzen Bart-streifen, blauen Flügelabzeichen, weißem Bürzel und schwarzem Schwanz.

➤ Vorkommen
Brutvogel in ganz Europa, bevor-zugt in Mischwäldern; Stand- und Strichvogel.

➤ Nest
Auf (Nadel-)Bäumen oder in Büschen, meist in einer kräftigen Astgabel, gelegentlich auch in Nischen oder an Gebäuden. Außenbau aus abgebrochenen Zweigen und Ästen, die Mulde wird mit feinen Wurzeln, Fasern und Tierhaaren ausgekleidet.

➤ Eier
Das Gelege besteht aus 5 (3–7) Eiern (31 x 23 mm), die auf hell blaugrünem oder gelblichgrünem Grund bräunlich gefleckt und gesprenkelt sind.

Erstaunlich klein wirkt das struppige Nest des Eichelhähers.

Das Gelege in der mit feinen Wurzeln ausgelegten Nestmulde.

➤ Brut
Das ♀ brütet und wird vom ♂ am Nest aus dem Kropf gefüttert, geht aber auch selbst auf Nah-rungssuche. Nach 16–19 Tagen schlüpfen die Jungen.

➤ Junge
Die Nesthocker sind nackt, haben einen blassrosa Rachen und ro-saweißliche Schnabelwülste. Beide Eltern füttern. Mit 20–22 Tagen sind die Jungen flügge, werden aber erst mit 6–8 Wo-chen selbstständig.

➤ Förderung/Aufzucht
Junge Krähenvögel aufzuziehen ist einfacher als die Aufzucht anderer Nesthocker. Aber auch sie brauchen in der ersten Wo-che viel Wärme (Abdeckung und Wärmelampe) und auch danach noch zumindest nachts Schutz vor Abkühlung, besonders wenn es sich nur um 1 Junges handelt. (Mehrere Junge halten sich ge-genseitig warm.) Als Grundfutter kann Hackfleisch oder trockener Quark mit Vitakalk oder Knochen-schrot und einem Vitaminzusatz (Vigantol) verwendet werden. Es sollte aber zusätzlich auch ballast-stoffreiche Nahrung verabreicht werden: lebende Mehlwürmer, Heuschrecken, Grillen, zerteilte Eintagsküken aus Brutanstalten, Mäuse usw. Sobald die Vögel flügge sind, soll man ihnen Mög-lichkeiten zum freien Flug bieten.

➤ Nahrung
Vielseitig; es überwiegt der pflanzliche Anteil (Samen und Früchte); zur Brutzeit Insekten, Würmer, Eier, Jungvögel, Jung-mäuse, Eidechsen.

Gerade ausgeflogene junge Elstern wirken noch recht unbeholfen.

Elster
Pica pica

> **Aussehen**

Ein auffallender schwarz-weißer Vogel mit langem Schwanz.

> **Vorkommen**

Brut-, Stand- und Strichvogel in ganz Europa. Lebt in offenen, reich strukturierten Landschaften.

Die Nestmulde ist mit feinen Wurzeln weich ausgelegt, enthält aber nur selten 9 Eier.

> **Nest**

Auf Bäumen, in (Dorn-)Büschen, auch auf Leitungsmasten, gut versteckt oder weithin sichtbar. Kugeliger Bau aus Zweigen und kleinen Ästen mit Dach und seitlichem Eingang; die Mulde wird mit Lehm geglättet und mit feinen Wurzeln und Haaren gepolstert. Am Bau, der in 7–9 Tagen abgeschlossen ist, sich aber auch über 2 Monate hinziehen kann, beteiligen sich beide Partner. Alte Nester werden ausgebessert und wieder bezogen.

> **Eier**

Das Gelege besteht aus 5–7 (3–9) grünlichen bis weißlichen Eiern (34 x 24 mm), die dicht hell- bis dunkelbraun gefleckt sind.

> **Brut**

Das ♀ brütet allein und wird vom ♂ am Nest gefüttert. Nach 17–18 Tagen schlüpfen die Jungen.

> **Junge**

Die Nesthocker sind vollständig nackt, ihr Rachen ist tiefrosa mit weißen Papillen am Gaumen, die Schnabelwülste sind blassrosa. Beide Eltern füttern. Nach 22–27 Tagen sind die Jungen flügge, bleiben aber noch etwa 6 Wochen mit den Alten zusammen.

> **Förderung/Aufzucht**

Junge Krähenvögel aufzuziehen ist einfacher als die Aufzucht anderer Nesthocker (siehe Eichelhäher).

> **Nahrung**

Im Sommer bodenbewohnende Wirbellose; im Winter überwiegen Sämereien, Beeren, Aas und Abfälle.

Elstern versehen ihren sperrigen Horst meist mit einem mehr oder weniger dichten Dach.

Dohle
Corvus monedula

➤ **Aussehen**
Kleiner als Krähe, Nacken grau, Iris gelb.

➤ **Vorkommen**
Brutvogel in ganz Europa (außer nördlichem Skandinavien); im Nordosten Zugvogel, sonst Standvogel.

➤ **Nest**
Neststand in der Regel überdacht, in (Baum-)Höhlen, Nischen, Mauerlöchern, Kaminen und Kirchtürmen, auch in Nistkästen und gelegentlich offen in Baumkronen. Meist in kleinen oder größeren Kolonien. Nest oft ein umfangreicher Bau aus Zweigen und Reisern, Grassoden und Erdklumpen; die Mulde wird mit feineren Fasern, Tierhaaren, Federn und Lumpen ausgekleidet. Beide Partner beteiligen sich am Bau.

➤ **Eier**
Das Gelege besteht aus 4–7 hell bläulichgrünlichen Eiern (35 x 25 mm), die hell- bis dunkelbraun gefleckt sind und graue

Dohlen sind Höhlenbrüter und nehmen auch Nistkästen an.

Die rot und gelb gefärbten Rachen der Jungen leuchten auch im Halbdunkel.

Unterflecken aufweisen.

➤ **Brut**
Das ♀ brütet allein und wird vom ♂ gefüttert; nach 16–19 Tagen schlüpfen die Jungen.

➤ **Junge**
Die Nesthocker tragen an Kopf, Rücken und Schenkeln kurze, schüttere hellgraue Dunen; der Rachen ist violettrosa, die Schnabelwülste sind blassgelb. Die Jungen werden von beiden Eltern gefüttert und verlassen das Nest mit 28–32 Tagen. Voll flugfähig sind sie erst mit 35–36 Tagen; sie werden noch 4 Wochen lang nach dem Ausfliegen gefüttert.

➤ **Förderung/Aufzucht**
Durch das Aufhängen von ausreichend großen Nistkästen (Schlupfloch 10–12 cm), möglichst in Gruppen von 5–10, können Dohlen angesiedelt werden.

Dohlen nisten gern in Kirchtürmen, große Nestbauer sind sie nicht.

Vergitterte Kirchtürme sollten für Dohlen (Falken, Eulen usw.) geöffnet werden. Wie alle jungen Krähenvögel sind sie relativ leicht aufzuziehen (siehe Eichelhäher).

➤ **Nahrung**
Vielseitig; im Sommer vor allem Wirbellose; dazu Körner, Keimlinge, Beeren, Abfälle, gelegentlich Jungvögel, Eier, Mäuse.

Saatkrähen bauen stabile Horste und nisten in Kolonien.

Saatkrähe
Corvus frugilegus

> **Aussehen**

In Größe und Gefiederfarbe der Rabenkrähe sehr ähnlich. Altvögel weisen aber eine unbefiederte Zone um die Schnabelwurzel auf, die hellgrau erscheint.

> **Vorkommen**

Das Brutgebiet erstreckt sich lückig über weite Teile Europas. Ein Vogel offener (Agrar-)Landschaften mit Nistmöglichkeiten auf Baumgruppen (Koloniebrüter); meidet bergiges Land auch im Winter. In NO-Europa Zugvogel, sonst Stand- und Strichvogel.

> **Nest**

Kolonieweise, meist in hohen Laubbäumen, gelegentlich auch an Gebäuden. Der Unterbau besteht aus Zweigen und Ästen, die durch Grassoden und Erdklumpen zusammengehalten werden; Mulde aus kleineren Reisern, Erde und feinerem Material (Gras, Haare, Federn). Beide Partner bauen. Alte Nester werden ausgebessert.

> **Eier**

Das Gelege besteht aus 3–5 (2–6) hell blaugrünen, bräunlich gefleckten Eiern (39 x 29 mm).

> **Brut**

Das ♀ brütet allein und wird vom ♂ am Nest gefüttert. Nach 16–18 Tagen schlüpfen die Jungen.

> **Junge**

Die Jungen werden von beiden Eltern gefüttert und verlassen nach einer Nestlingszeit von 32–35 Tagen das Nest. Die Familie bleibt anschließend noch einige Wochen zusammen, wobei die Jungen mit abnehmender Intensität weiter gefüttert werden.

> **Förderung/Aufzucht**

Wie alle junge Krähenvögel sind auch junge Saatkrähen relativ leicht aufzuziehen (siehe Eichelhäher).

> **Nahrung**

Die vielseitige Nahrung besteht im Jahresverlauf zu etwa gleichen Teilen aus vielerlei pflanzlichen und tierischen Organismen sowie aus Abfällen.

Gewöhnlich ziehen Saatkrähen Laubbäume als Neststandort vor.

Aaskrähe
Corvus corone

➤ **Aussehen/Vorkommen**
Die Aaskrähe nimmt mit zwei deutlich unterscheidbaren Rassen in ganz Europa ein weit nach Osten reichendes Brutgebiet ein. In Osteuropa, bis einschließlich Skandinavien, Schottland, Irland und Italien brütet die Nebelkrähe, deren Rumpf hellgrau ist, westlich davon erstreckt sich das Brutgebiet der ganz schwarzen Rabenkrähe. Nur im äußersten Nordosten sind die Nebelkrähen Zugvögel.

Junge Rabenkrähen haben scharlachrote Rachen und einen riesigen Appetit.

➤ **Nest**
Das Nest steht gewöhnlich hoch auf Einzelbäumen, gelegentlich auch auf Gebäuden oder Gittermasten. Der Außenbau besteht aus dürren oder grünen Ästen und Zweigen, deren Lücken mit Moos oder Grassoden gefüllt werden. Darauf folgt eine Schicht aus Halmen und Fasern; die Mulde wird mit Tierhaaren, Federn oder Moos gepolstert. Im Allgemeinen bauen beide Partner (4–7 Tage). Mitunter wird ein altes Nest wieder bezogen.

➤ **Eier**
Das Gelege besteht aus 5 (2–6) grünlichen, in verschiedenen dunkleren Farben gefleckten, marmorierten und gezeichneten Eiern (40 x 30 mm).

➤ **Brut**
Das ♀ brütet allein und wird vom ♂ am Nest gefüttert.

Nach 18–20 Tagen schlüpfen die Jungen.

➤ **Junge**
Die Nesthocker tragen graue Dunen, haben einen leuchtend rosa Rachen und rosa Schnabelwülste. Bis zum 18. Tag hudert das ♀ wenigstens nachts. Die Jungen werden von beiden Eltern gefüttert, 30–35 Tage im Nest und noch bis zu 5 Wochen nach dem Ausfliegen. Die Familie hält manchmal noch länger zusammen.

➤ **Förderung/Aufzucht**
Wie alle junge Krähenvögel sind auch junge Raben- und Nebelkrähen relativ leicht aufzuziehen (siehe Eichelhäher).

➤ **Nahrung**
Die vielseitige Nahrung besteht im Jahresverlauf zu etwa gleichen Teilen aus vielerlei pflanzlichen und tierischen Organismen sowie aus Abfällen.

Das stabile Nest wird meist in Stammnähe gebaut und innen weich gepolstert.

Stare sind nicht wählerisch bei der Wahl ihrer Nisthöhlen.

Star
Sturnus vulgaris

➤ Aussehen
Kleiner als Amsel, im Spätherbst/ Winter mit weißen Flecken, zur Brutzeit mit schillerndem Gefieder, oft in großen Schwärmen.

➤ Vorkommen
Brutvogel in ganz Europa (in Spanien durch Einfarbstar ersetzt).

Frisch geschlüpfte Jungstare haben nur eins im Sinn: Futter.

Im Norden und Osten Zugvogel (März bis Okt.), sonst Stand- und Strichvogel.

➤ Nest
Nest in den verschiedensten Höhlungen, von natürlichen Baumhöhlen, bis zu Mauerlöchern und Nistkästen. Das unordentliche Nest besteht aus viel lockerem, trockenen Pflanzenmaterial; die undeutlich Mulde wird mit feinerem Material und Federn gepolstert. Beide Partner tragen Nistmaterial ein.

➤ Eier
Das Gelege besteht aus 4–8 (9) einfarbig hell grünlichblauen bis weißlichen Eiern (30 x 21 mm). Regelmäßig legen ♀ Eier in fremde Nester (Brutparasitismus) und entnehmen dafür oft ein Ei des Wirtes. Das Zweitgelege ist meist kleiner.

➤ Brut
Hauptsächlich brüten die ♀, das ♂ offenbar nur kurze Zeit tagsüber. Nach 11–13 Tagen schlüpfen die Jungen.

➤ Junge
Die Nesthocker sind mit ziemlich langen grauweißen Dunen bedeckt; ihr Rachen ist leuchtend gelb, die Schnabelwülste sind weißlichgelb. Das ♀ hudert und beide Partner füttern. Bei Verpaarungen mit einem zweiten ♀ beteiligt sich das ♂ nicht an der Jungenaufzucht. Nach 17–21 Tagen verlassen die Jungen die Nisthöhle, werden aber noch weiterhin einige Zeit von den Eltern gefüttert.

Beim Nestbau zeigen Stare wenig Sorgfalt.

➤ Förderung/Aufzucht
Durch Aufhängen von größeren Nistkästen (Fluglochweite 5 cm) lassen sich Stare meist problemlos ansiedeln. – Zur Aufzucht von Nestlingen siehe S. 26 ff.

➤ Nahrung
Vielseitig; Insekten(-larven) und andere Bodentiere, im Sommer und Herbst Obst und Beeren, im Winter auch Abfälle.

Buchfink
Fringilla coelebs

> **Aussehen**

♂ mit rostrotem Gesicht, Brust und Bauch, Oberkopf und Nacken blaugrau; ♀ blasser gefärbt; beide mit auffälliger weißer Flügelzeichnung.

> **Vorkommen**

Weit verbreiteter Brutvogel in ganz Europa. Im Nordosten Zugvogel, sonst Stand- und Strichvogel; vielfach wandern lediglich die ♀.

> **Nest**

Neststand in einer Astgabel oder auf einem Ast in Laub- und Nadelbäumen. Das halbkugelige Nest ist bestens getarnt und sorgfältig aus Moos, Gras und Flechten gebaut und mit Spinnweben verstärkt; die Nestmulde wird mit feinen Wurzeln, Tierhaaren und Federn gepolstert.

> **Eier**

Das Gelege besteht aus 2–6 rötlichgrauen bis bläulichen Eiern (19 x 15 mm), die mit purpurbraunen Stricheln und Brandflecken gezeichnet sind. 1–2 Jahresbruten.

> **Brut**

Die Brutdauer beträgt 10–14 Tage; es brütet ausschließlich das ♀.

> **Junge**

Die Nesthocker tragen viele lange blassgraue Dunen, haben einen tiefroten Rachen mit orangefarbenem Gaumen und weiße Schnabelwülste. Die Nestlinge werden von beiden Eltern 12–15

Vater Buchfink füttert am gut versteckten Nest.

Tage gefüttert. Auch nach dem Ausfliegen bleibt die Familie 20–35 Tage zusammen.

> **Förderung/Aufzucht**

Zur Aufzucht siehe Haussperling.

> **Nahrung**

Im Sommer hauptsächlich Insekten(-larven), Spinnen und Ohrwürmer; im Herbst und Winter fast nur Sämereien.

Wunderschön und bestens getarnt ist das Nest des Buchfinks.

Grünlinge nisten gern in dichten Immergrünen; untypisch ist der verkotete Nestrand.

Grünling
Carduelis chloris

➤ **Aussehen**
Ein kräftiger gelbgrüner Fink mit kräftigem Schnabel.

➤ **Vorkommen**
Brutvogel halboffener Landschaften in ganz Europa, im Nordosten Zugvogel.

➤ **Nest**
In (immergrünen) Bäumen, Sträuchern und Rankpflanzen, auch an Gebäuden, meist in guter Deckung. Nest aus trockenen Reisern und Halmen; Mulde aus feinen Fasern, Tierhalmen und Federn.

➤ **Eier**
Das Gelege besteht aus 4–5 (3–6) weißlichen bis blauweiß-lichen Eiern (20 x 15 mm), die spärlich mit rostbraunen Flecken und violettgrauen Unterflecken gezeichnet sind. In der Regel gibt es 2 Jahresbruten.

➤ **Brut**
Das ♀ brütet allein und wird vom

Außen Moos und innen Wurzeln – das Nest des Grünlings.

♂ gefüttert. Nach 11–14 Tagen schlüpfen die Jungen.

➤ **Junge**
Die Nesthocker sind mit vielen langen, schmutzig weißen Dunen bedeckt, haben einen tief rosafar-benen Rachen und gelblichweiße Schnabelwülste. Nach einer Nestlingszeit von 14–17 Tagen werden die flüggen Jungen noch etwa 2 Wochen von den Eltern gefüttert.

➤ **Förderung/Aufzucht**
Zur Aufzucht der Jungvögel siehe Haussperling.

➤ **Nahrung**
Überwiegend vegetabilisch (Samen, Früchte, Knospen); den Nestlingen werden zunächst hauptsächlich Blattläuse, später in zunehmenden Maße aufgeweichte Sämereien verfüttert.

Girlitz
Serinus serinus

➤ **Aussehen**

Ein recht unscheinbarer, grünlicher Vogel mit dunklen Fleckenstreifen an Bauch und Flanken; das ♂ ist im Gesicht und an der Brust gelb.

➤ **Vorkommen**

Brutvogel in Mittel-, West- und Südeuropa. Bei uns überwiegend Zugvogel (April bis Okt.).

➤ **Nest**

Auf (Nadel-)Bäumen, in Sträuchern und Kletterpflanzen. Ein kleiner Bau aus Gras, feinen Wurzeln, Moos und Gespinsten; die Mulde wird dick mit Federn, Haaren und Pflanzenwolle ausgekleidet. Das ♀ baut allein und braucht etwa 6 Tage.

Der Girlitzvater füttert seine im Apfelbaum gut versteckten Jungen.

➤ **Eier**

Das Gelege besteht aus 3–5 hellbläulichen Eiern (17 x 12 mm), die spärlich, am stumpfen Pol dichter mit dunkelbraunen Flecken gezeichnet sind.

➤ **Brut**

Das ♀ brütet 12–14 Tage und wird vom ♂ gefüttert.

➤ **Junge**

Die Nesthocker tragen ein schütteres Kleid aus langen, hellgrauen Dunen; ihr Rachen ist leuchtend rosa, die Schnabelwülste sind blassrosa. Die Nestlinge werden 14–16 Tage von beiden Eltern gefüttert, verlassen das Nest oft vor der vollen Flugfähigkeit und sind eine weitere Woche von den Alten abhängig.

➤ **Förderung/Aufzucht**

Zur Aufzucht siehe Haussperling.

➤ **Nahrung**

Hauptsächlich Sämereien.

Ein etwas provisorisch wirkendes Nest in einer Kiefer – das Girlitznest.

In den ersten Tagen nach dem Schlüpfen hudert das Stieglitz-Weibchen und wird vom Männchen gefüttert.

Stieglitz
Carduelis carduelis

➤ **Aussehen**
Ein ungewöhnlich bunter Vogel in beiden Geschlechtern, mit rotem Gesicht und gelben Flügelbinden.

➤ **Vorkommen**
Brutvogel im größten Teil Europas (fehlt im nördlichen Skandinavien), teilweise Zugvogel (März bis Nov.).

➤ **Nest**
Das Nest steht meist in den äußeren Ästen allein oder locker stehender (Laub-)Bäume. Es ist sorgfältig aus Moos, Halmen und kleinen Wurzeln gebaut, mit Flechten gut getarnt und innen mit Pflanzenwolle gepolstert.

➤ **Eier**
Das Gelege besteht aus 4–6 Eiern (17 x 13 mm), die auf bläulichweißem Grund spärlich mit scharfen rotbraunen Schnörkeln und Flecken besetzt sind. Es finden meist 2 Bruten im Jahr statt.

➤ **Brut**
Das ♀ brütet allein und wird vom ♂ am Nest gefüttert. Nach 11–13 Tagen schlüpfen die Jungen.

➤ **Junge**
Die Nesthocker tragen ziemlich lange und dichte dunkelgraue Dunen, ihr Rachen ist karmesinrot und wird zum Gaumen hin purpurn, die Schnabelwülste sind

Stieglitznester gehören zu den hübschesten unserer Vogelwelt.

rahmweiß. Die Jungen werden von beiden Eltern aus dem Kropf gefüttert und verlassen nach 12–15 Tagen das Nest. Danach sind sie noch etwa 1 Woche von den Alten abhängig.

➤ **Förderung/Aufzucht**
Zur Aufzucht der Jungvögel siehe Haussperling.

➤ **Nahrung**
Fast ausschließlich Samen von Bäumen und Kräutern; den Nestlingen werden anfangs Blattläuse, später unreife Sämereien verfüttert.

Den jungen Stieglitzen fehlt noch die typische Kopffärbung.

Bluthänfling
Acanthis cannabina

> **Aussehen**

♂ zur Brutzeit mit karminroter Stirn und Brust, Kopf grau, Rücken rötlichbraun; ♀ unscheinbar graubraun.

> **Vorkommen**

Brutvogel in ganz Europa; bevorzugt auf sonnigen, offenen Flächen mit Hecken und jungen Nadelbäumen. Im Norden und Osten Zugvogel.

> **Nest**

In dichten Laub- und Nadelbüschen, Kletterpflanzen, Hecken, Halbsträuchern, auch bodennah im Gras. Nest aus feinen Reisern, Halmen, Wurzeln, Moos und Fasern; die Mulde wird mit Haaren und Federn gepolstert. Das ♀ baut allein.

> **Eier**

Das Gelege des Bluthänflings besteht aus 4–6 (3) stieglitzähnlichen Eiern (18 x 13 mm), die auf hellbläulichem Grund spärlich blassrosa oder violett gefleckt und gezeichnet sind.

> **Brut**

1–2 Jahresbruten. Das ♀ brütet allein und wird vom ♂ gefüttert. Nach 10–14 Tagen schlüpfen die Jungen.

> **Junge**

Die Nesthocker sind mit ziemlich langen grauen Dunen besetzt. Der Rachen ist rosa, die Schnabelwülste sind hellrosa. Während das ♀ die Jungen

Hier verfüttert der Bluthänflings-Vater milchreife Sämereien an seine Jungen.

noch hudert, übergibt das ♂ seinen Kropfinhalt an das fütternde ♀; später füttern beide Eltern. Im Alter von 13–14 Tagen verlassen die Jungen das Nest, bleiben aber noch einige Tage in der Nähe und werden gefüttert.

> **Förderung/Aufzucht**

Zur Aufzucht der Jungvögel siehe Haussperling.

> **Nahrung**

Fast nur Sämereien von Kräutern und Stauden; Nestlinge erhalten anfangs kleine Insekten und Spinnen.

Ein ordentliches und häufig in Nadelbäumen gut verstecktes Nest.

Mutter und Vater Gimpel sind sogar beim Füttern (im Stachelbeerstrauch!) unzertrennlich.

Gimpel
Pyrrhula pyrrhula

➤ Aussehen
Das ♂ ist an der leuchtend karminroten Unterseite und Brust, am schwarzen Oberkopf und blaugrauen Rücken leicht zu erkennen. Das ♀ ist bräunlich, mit schwarzem Kopf, schwarzen Flügeln mit weißen Binden und schwarzem Schwanz.

➤ Vorkommen
Brutvogel der Wälder und Parks in weiten Teilen Europas. Im äußersten Norden Zugvogel, sonst Stand- und Strichvogel.

➤ Nest
Meist in den äußeren Ästen von Koniferen gut versteckt; selten über 3 m hoch. Nest mit plattformartigem Unterbau aus Reisern und Stängeln, darauf das Nest aus verflochtenen kleinen Wurzeln. Die relativ flache Mulde wird vom ♀ mit feinen Grashalmen und einigen Haaren ausgekleidet. Nach 2–5 Tagen ist der Bau fertig.

➤ Eier
Das Gelege besteht aus 4–6 (3–7) hellblauen bis blaugrünlichen Eiern (20 x 15 mm), die mit violettgrauen Unterflecken und fast schwarzen Punkten gezeichnet sind.

➤ Brut
In der Regel 2 Jahresbruten. Es brütet nur das ♀ und wird vom ♂ gefüttert. Nach 13–14 Tagen schlüpfen die Jungen.

➤ Junge
Die Nesthocker tragen dichte, ziemlich lange, dunkelgraue Dunen, haben einen rosa Rachen mit purpurgrauen Punkten an den Seiten des Schlundes und blassgelbe Schnabelwülste. Sie werden nach 6-tägigem Hudern durch das ♀ von beiden Eltern gefüttert und verlassen das Nest nach 12–16 (18) Tagen. Zunächst werden sie noch 1 Woche in Nestnähe gefüttert, wandern dann mit den Eltern ab und sind 15–20 Tage nach Verlassen des Nestes selbstständig.

➤ Förderung/Aufzucht
Zur Aufzucht der Jungvögel siehe Haussperling.

➤ Nahrung
Fast nur Samen, Knospen, Beeren; Nestlinge werden anfangs mit Raupen, Spinnen und Schnecken gefüttert.

Das Gimpelnest besteht deutlich aus zwei Schichten.

Die Goldammer an ihrem etwas unordentlichen Nest.

Goldammer
Emberiza citrinella

➤ Aussehen
♂ mit gelbem Kopf und bräunlich gestreifter Brust, ♀ etwas blasser; beide mit auffallend rotbraunem Bürzel.

➤ Vorkommen
Brutvogel halboffener, abwechs-

Häufig steht das Goldammern-Nest am oder dicht überm Boden.

lungsreicher Landschaften in fast ganz Europa (Verbreitung wie Gimpel). Nur im äußersten Norden Zugvogel, sonst Stand- und Strichvogel.

➤ Nest
Am Boden in der Vegetation versteckt, meist an Böschungen, auch niedrig in Büschen. Nest aus trockenen Grashalmen und Blättern; Mulde mit feinerem Material ausgekleidet. Das ♀ baut allein 4–8 Tage.

➤ Eier
Das Gelege besteht aus 3–5 (2–6) Eiern (22 x 16 mm), die auf weißlichem bis rötlichbraunem Grund mit dunklen Linien, Punkten und Flecken gezeichnet sind.

➤ Brut
In der Regel werden 2 Bruten pro Jahr großgezogen. Das vom

♂ gefütterte ♀ brütet allein. Nach 11–14 Tagen schlüpfen die Jungen.

➤ Junge
Die Nesthocker sind mit langen dunkelgrauen Dunen bedeckt und haben einen rosa Rachen und blassgelbe Schnabelwülste. Anfangs hudert das ♀ und bekommt das Futter für die Jungen vom ♂ überreicht; später füttern beide Eltern. Nach 9–14 Tagen verlassen die Jungen das Nest, teilweise vor Erreichen der vollen Flugfähigkeit. Mit 16 Tagen sind sie voll flügge.

➤ Förderung/Aufzucht
Zur Aufzucht der Jungvögel siehe Haussperling.

➤ Nahrung
Vielerlei Samen, im Sommer auch Insekten(-larven) und Spinnen.

Auch nach dem Ausfliegen werden junge Haussperlinge noch eine Weile (hier von der Mutter) gefüttert.

Haussperling
Passer domesticus

> **Aussehen**

Ein wohl allgemein bekannter Vogel, der sich vom ähnlichen Feldsperling durch verwaschenere Farben und das Fehlen eines dunklen Wangenflecks unterscheidet.

Noch etwas kläglich sieht der junge Haussperling nach (verfrühtem?) Ausflug aus.

> **Vorkommen**

Brut- und Standvogel in ganz Europa, fast ausschließlich in Siedlungen.

> **Nest**

Höhlen-, Halbhöhlen- und gelegentlich Freibrüter. Gewöhnlich wird das Nest unter Dachziegeln errichtet, aber auch natürliche Baumhöhlen, Felsspalten und der Unterbau von Storchen- und großen Greifvogelnestern sowie Nistkästen werden gewählt. Das Nest ist ein kugelförmiger, struppiger Bau aus Stroh und trockenem Gras mit seitlichem Eingang; die Mulde wird reichlich mit Federn gepolstert.

> **Eier**

Das Gelege besteht aus 4–5 (3–7) weißlichen bis bläulichweißlichen, dicht dunkelbraun gefleckten Eiern (22 x 16 mm); spätere Gelege (2–3 Jahresbruten) sind meist kleiner.

> **Brut**

Beide Partner brüten, das ♀ mehr. Nach 11–14 Tagen schlüpfen die Jungen.

> **Junge**

Die Nesthocker sind nackt und haben einen rosagelben Rachen und blassgelbe Schnabelwülste. Beide Eltern füttern. Nach 17 (12–18) Tagen verlassen die Jungen das Nest, danach werden sie noch etwa 2 Wochen gefüttert.

> **Förderung/Aufzucht**

Durch Nistkästen und Nischen unterm Dach kann man Haussperlinge fördern. – Die Diät junger Körnerfresser unterscheidet sich in der 1. Woche nicht von der junger Insektenfresser (siehe S. 26 ff). Ab der 2. Woche sollte man ihnen aber in zunehmendem Maße auch unreife oder vorgequollene Sämereien (z.B. Hirse, Mohn, Grassamen, Kanarienfutter), zarte Getreideflocken und schließlich angekeimtes Getreide beziehungsweise Schrot zufüttern.

> **Nahrung**

Sämereien, grüne Pflanzenteile, Knospen, Abfälle; zur Brutzeit Insekten(-larven).

Spatzennester sind ziemlich unordentlich, aber kuschelig warm.

Feldsperling
Passer montanus

➤ **Aussehen**

Ähnlich Haussperling, aber Oberkopf braun und auffallender dunkler Wangenfleck; beide Geschlechter gleich.

➤ **Vorkommen**

Brutvogel offener und halboffener Landschaften in ganz Europa; nur im äußersten Nordosten Zugvogel.

➤ **Nest**

Höhlenbrüter, meist in Baumhöhlen, aber auch in Mauer- und Felsenlöchern, an Gebäuden und in Nistkästen. Selten wird ein Nest auch frei in dichtem Geäst gebaut. Freistehende Nester sind meist kugelförmig wie das Nest vom Haussperling, aus Stroh, trockenem Gras, Wurzeln, Blättern und Federn mit seitlichem Eingang. Nester in Höhlen sind aber oft ohne Dach. Beide Partner beteiligen sich am Nestbau.

➤ **Eier**

Das Gelege besteht aus 3–7 (8) sehr variabel gefärbten Eiern

Feldsperling füttert am Holzbeton-Nistkasten.

Gelege vom Feldsperling.

(19 x 14 mm); sie sind auf weißer, bläulich- oder grünlichweißer Grundfarbe dicht hell- oder dunkelbraun gefleckt.

➤ **Brut**

Das ♀ brütet deutlich mehr als das ♂. Nach 11–14 Tagen schlüpfen die Jungen.

➤ **Junge**

Die Nesthocker sind nackt, haben einen rosa Rachen, manchmal mit einem dunklen Punkt an der Zungenspitze, und blassgelbe Schnabelwülste. Bis zum 8. Tag

wird gehudert. Beide Partner füttern zu gleichen Teilen. Nach 15–20 Tagen verlassen die Jungen das Nest und werden noch kurze Zeit weitergefüttert.

➤ **Förderung/Aufzucht**

Durch Nistkästen an Bäumen und Gebäuden lassen sich Feldsperlinge auch in Gärten ansiedeln. – Zur Aufzucht der Jungvögel siehe Haussperling.

➤ **Nahrung**

Sämereien; zur Brutzeit Insekten und Spinnen.

➤ Tabelle der Nistdaten

* Abkürzungen in Spalte 4 (Nistplatz): Bo = Bodenbrüter, Wa = Wasserbrüter, Fr = Freibrüter (im Geäst), Hö = Höhlenbrüter

< bedeutet, dass die Zeit, zu der die Jungen flügge oder selbstständig werden, mit den Angaben in der vorigen Spalte zusammenfällt.

Art	Nest-flüchter	Nest-hocker	Nist-platz *	Eizahl	Brut-dauer (Tage)	Nestzeit (Tage)	flügge nach (Tagen)	selbst-ständig (Tage)
Haubentaucher	x		Wa	2–6	27–29	-	?	70–80
Graureiher		x	Fr, Bo	4–5	25–26	30	42–55	70–80
Weißstorch		x	Fr, Bo	3–5	33–34	55–60	<	65–75
Höckerschwan	x		Bo	5–8	35–41	-	120–150	Herbst
Graugans	x		Bo	4–9	27–29	-	50–60	Herbst
Stockente	x		Bo, Hö	7–11	27–28	-	50–60	<
Habicht		x	Fr	2–5	35–40	36–40	40–43	?
Mäusebussard		x	Fr, (Bo)	2–3	32–36	42–49	<	110-120
Fischadler		x	Fr	3	34–40	44–59	<	65–93
Turmfalke		x	Gebäude, Fr, Hö	4–6	27–32	20–25	27–32	55–60
Teichhuhn	x		Bo, Wa	5–11	19–22	2–4	35	<
Blesshuhn	x		Wa, Bo	5–10	23–24	2–4	55	28–35
Fasan	x		Bo	8–12	23–26	-	70–85	<
Austernfischer	x		Bo	3	24–27	-	32–35	<
Flussregen-pfeifer	x		Bo	4	22–28	-	24–29	<
Kiebitz	x		Bo	4	26–29	-	35–40	<
Rotschenkel	x		Bo	4	22–29	-	25–35	<
Fluss-Seeschwalbe	x	x	Bo	3	20–26	3–5	23–27	60–70
Lachmöwe	x	x	Bo	3	22–23	10–15	26–28	<
Silbermöwe	x	x	Bo	2–3	26–32	10–15	35–49	40–60
Straßentaube		x	Gebäude, Hö	2	17–18	23–25	30–35	<
Ringeltaube		x	Fr	2	16–17	28–29	35	<
Türkentaube		x	Fr	2	13–14	16–19	<	30–40
Kuckuck		x	Fr, (Hö)	(9–22)	11–12	20–23	<	41–44
Schleiereule		x	Gebäude, Hö	4–7	30–34	44–50	60–65	90
Waldkauz		x	Hö, Fr	3–5	28–29	29–35	50	90–100
Waldohreule		x	Fr, (Hö)	4–5	27–28	23–26	33–35	60–65
Buntspecht		x	Hö	5–7	10–12	20–23	<	28–33
Mauersegler		x	Hö	2–3	18–20	37–56	<	<
Uferschwalbe		x	Hö	4–7	14–15	20–24	<	24–30
Rauchschwalbe		x	Räume	3–6	12–18	20–24	<	34–38
Mehlschwalbe		x	Wände	4–5	14–16	23–30	<	

Art	Nest-flüchter	Nest-hocker	Nist-platz *	Eizahl	Brut-dauer (Tage)	Nestzeit (Tage)	flügge nach (Tagen)	selbst-ständig (Tage)
Feldlerche		x	Bo	2–5	11–12	7–11	15–20	30
Baumpieper		x	Bo	3–6	12–14	10–12	18–19	25–30
Bachstelze		x	Hö	3–6	11–16	13–14	<	17–21
Wasseramsel		x	Hö	4–6	16–17	20–24	24–26	31–34
Zaunkönig		x	Hö, Fr/Bo	5–7	13–15	15–19	<	33–37
Heckenbraunelle		x	Fr	4–6	11–13	13	<	?
Hausrotschwanz		x	Hö	4–6	12–17	12–19	<	22-30
Gartenrotschwanz		x	Hö	6–7	12–14	13–15	<	21–27
Amsel		x	Fr, Gebäude	4–5	11–16	12–19	18	19–32
Singdrossel		x	Fr	4–6	12–14	13–14	<	28
Rotkehlchen		x	Hö, Fr/Bo	5–6	12–15	13–15	<	23–35
Teichrohrsänger		x	Fr	3–5	11–13	9–13	<	19–27
Gelbspötter		x	Fr	4–5	12–14	13–15	<	?
Mönchsgrasmücke		x	Fr	4–5	10–16	10–15	<	24–36
Zilpzalp		x	Fr, (Bo)	4–6	13–15	17–19	<	27–39
Goldhähnchen		x	Fr	8–10	14–16	20–22	<	34–35
Grauschnäpper		x	Hö, (Fr)	4–5	11–15	12–16	<	?
Beutelmeise		x	Fr	2–8	12–14	17–19	<	?
Schwanzmeise		x	Fr, (Bo)	8–12	12–14	14–18	<	28–32
Tannenmeise		x	Hö	8–9	13–16	18–21	<	32–35
Blaumeise		x	Hö	9–11	13–15	19–21	<	33–35
Kohlmeise		x	Hö	7–10	13–14	18–21	<	38–42
Kleiber		x	Hö	6–7	15–19	20–28	<	30–42
Gartenbaum-läufer		x	Hö	5–6	13–15	17–19	<	?
Neuntöter		x	Fr	5–6	14–16	13–15	<	37
Eichelhäher		x	Fr	3–6	16–19	21–23	<	42–56
Elster		x	Fr	5–7	17–18	22–27	<	64–69
Dohle		x	Hö, Gebäude	4–7	16–19	30–35	<	58–63
Saatkrähe		x	Fr	3–5	16–18	32–35	<	50–70
Aaskrähe		x	Fr	2–6	18–20	30–35	<	65–70
Star		x	Hö	4–8	11–13	17–21	<	?
Buchfink		x	Fr	2–6	10–14	12–15	<	30–50
Grünling		x	Fr	4–5	11-14	14–17	<	28–31
Girlitz		x	Fr	3–5	12–14	14–16	<	?
Stieglitz		x	Fr	4–6	11–13	12–15	<	?
Bluthänfling		x	Fr, (Bo)	4–6	10–14	13–14	<	?
Gimpel		x	Fr	4–6	13–14	16–18	<	30–40
Goldammer		x	Bo/Fr	2–5	11–14	9–14	<	?
Haussperling		x	Hö, (Fr)	4–5	11-14	12–18	<	25–30
Feldsperling		x	Hö	3–7	11-14	15–20	<	?

➤ **Adressen**

Vogelwarten u.a.
Anlaufstellen

ALA, Schweizerische Gesellschaft
für Vogelkunde und Vogelschutz
c/o Schweizer Vogelschutz SVS
Postfach
8036 Zürich

Bayerisches Landesamt
für Umweltschutz
Infanteriestr. 11
D-80797 München
Tel. 089-921432-33
Fax -921432-09

Biologische Station Serrahn
D-17237 Serrahn/Neustrelitz

BUND – Bundesgeschäftsstelle
Im Rheingarten 7, D-53225 Bonn
Tel. 0228-400970

Institut für Vogelforschung
»Vogelwarte Helgoland«
An der Vogelwarte 21
D-26386 Wilhelmshaven
Tel. 04421-61800

Landesbund für Vogelschutz
(LBV)
Landesgeschäftsstelle
Eisvogelweg 2
D-91161 Hilpoltstein
Tel. 09174-47750, Fax -477575

Naturschutzbund Deutschland
(NABU) – Bundesgeschäftsstelle
Herbert-Rabius-Str. 26
D-53225 Bonn
Tel. 0228-975610, Fax -9756190

NABU-Umweltakademie
Gut Sunder
Meißendorf, D-29308 Winsen
Tel. 05056-97010, Fax -970197

NABU-Wasservogelreservat
Wallnau
D-23769 Westfehmarn
Tel. 04372-1002, Fax -1445

NABU Baden-Württemberg
Tübinger Str. 15
D-70178 Stuttgart
Tel. 0711-966720, Fax -9667233

NABU Bayern
Säulenstr. 45
D-82008 Unterhaching
Tel. 089-66539260
Fax -66539262

NABU Berlin
Goltzstr. 5, D-10781 Berlin
Tel. 030-2166797, Fax -2169677

NABU Brandenburg
Heinrich-Mann-Allee 93 a
14478 Potsdam
Tel. 0331-810434, Fax -860836

NABU Bremen
Contrescarpe 8, D-28203 Bremen
Tel. 0421-3398428

NABU Hamburg
Habichtstr. 125
D-22307 Hamburg
Tel. 040-6970890, Fax -69708919

NABU Hessen
Garbenheimerstr. 32
D-35578 Wetzlar
Tel. 06441-45043, Fax -43957

NABU Mecklenburg-Vorpommern
Zum Bahnhof 24
D-19053 Schwerin
Tel. 0385-7589481
Fax -7589498

NABU Niedersachsen
Calenberger Str. 24
D-30169 Hannover
Tel. 0511-911050, Fax -9110540

NABU Nordrhein-Westfalen
Am Lippeglacis 10
D-46483 Wesel
Tel. 0281-338350, Fax -29700

NABU Rheinland-Pfalz
Frauenlobstr. 15–19
D-55118 Mainz
Tel. 06131-140390
Fax -1403928

NABU Saarland
Zum Wildpark
D-66709 Weiskirchen
Tel. 06872-920860
Fax -920883

NABU Sachsen
Löbauer Str. 68, D-04347 Leipzig
Tel. 0341-2333130
Fax -2333133

NABU Sachsen-Anhalt
Schleinufer 18a
D-39104 Magdeburg
Tel. 0391-5619350
Fax -5619349

NABU Schleswig-Holstein
Carlstr. 169
D-24537 Neumünster
Tel. 04321-53734, Fax -5981

NABU Thüringen
Dorfstr. 15, D-07751 Leutra
Tel. 03641-605704
Fax -215411

Österreichische Gesellschaft
für Vogelkunde
Burgring 7, A-1014 Wien
Tel. 0043-1-934651

Österreicher Naturschutzbund
Haus der Natur, Arenberggasse 10
A-5020 Salzburg
Tel. 0043-662-642909

Schweizer Vogelschutz SVS
Postfach, CH-8036 Zürich
Tel. 0041-1-4637271
Fax. -4634778

Schweizer Bund für
Naturschutz (SBN)
Postfach, CH-4020 Basel
Tel. 0041-61-3127442

Schweizerische Vogelwarte
CH-6204 Sempach

Schweizerisches Landeskomitee
für Vogelschutz (SLKV)
Oberdorf, CH-8164 Bachs

Staatliche Vogelschutzwarte
Baden-Württemberg
Hermann-Schneider-Allee 47
D-76189 Karlsruhe
Tel. 0721-9264351
Fax -379899

Staatliche Vogelschutzwarte Bayern
Gsteigstr. 43
D-82467 Garmisch-Partenkirchen
Tel. 08821-94300

Staatliche Vogelschutzwarte
Brandenburg
Rietzer See
D-14778 Schenkenberg
Tel. 033207-51271, Fax -51271

Staatliche Vogelschutzwarte
Hamburg
Steindamm 22
D-20099 Hamburg
Tel. 040-78802226
Fax -78802579

Staatliche Vogelschutzwarte
für Hessen, Rheinland-Pfalz
und Saarland
Steinauer Str. 44
D-60386 Frankfurt
Tel. 069-411532 und 418348
Fax -425152

Staatliche Vogelschutzwarte
Niedersachsen
Scharnhorststr. 1
D-30175 Hannover
Tel. 0511-9255333, Fax -4595334

Staatliche Vogelschutzwarte
Nordrhein-Westfalen
Leibnitzstr. 10
D-45659 Recklinghausen
Tel. 02361-305420

Staatliche Vogelschutzwarte
Sachsen-Anhalt
Zerbster Str. 7, D-39264 Steckby
Tel. 039244-297, Fax -297

Staatliche Vogelschutzwarte
Schleswig-Holstein
Olshausenstr. 40, D-24118 Kiel
Tel. 0431-8804502
Fax -8801389

Staatliche Vogelschutzwarte
Thüringen
Lindenhof 3
D-99846 Seebach
Tel. 03601-440565
Fax -446403

Vogelwarte Hiddensee
Am Hochland 17
D-18565 Kloster/Hiddensee
Tel. 038300-212, Fax -50441

Vogelwarte Radolfzell
Am Obstberg 1
D-78315 Radolfzell
Tel. 07732-1500

Bezugsquellen

A. Achatz (Rote Kolbenhirse,
Silberhirse, halbreif)
D-84061 Ergoldsbach
Tel. 08771-2997

aleckwa Tiernahrung (Aufzucht-
futter, Trockenfutter, Fertigfutter,
Lebendfutter, individuell zusam-
mengesetzt für alle Arten)
D-67163 Waldsee
Postfach 25
Tel. 06236-51949, Fax 1494

E. Beutelschieß,
Futtermittelanbau (Silberhirse,
Rote Kolbenhirse, halbreif und reif)
Tel. 07503-1524 oder -2342
(ab 19 Uhr)

A. Bisch (Rote Kolbenhirse)
D-87595 Bechtheim
Gaustr. 36
Tel. 06242-60018, Fax -60019

Breedy-Heimtiernahrung (Eifutter, Vitamine, Weichfutter)
Bertha-von-Suttner-Str. 2
64560 Riedstadt 6
Tel. 06158-975555, Fax 71079

C. Brückner (Mehlwürmer, Buffalos, Zophobas morio)
D-24616 Hasenkrug
Tel. 04324-883965
Fax -883966

fauna topics (Heimchen, Grillen, Heuschrecken, Zophobas, Mehlwürmer, Drosophila, Stubenfliegen, Angelköder)
D-71672 Rielingshausen
Backnanger Str. 58
Tel. 07144-831333, Fax -831334

Grigfarm (lebende Grillen)
CH-4443 Wittinsburg
Tel. 0041-62299-1878, Fax -2701

M.i.d. Mehlwurm Informations-dienst (Mehlwürmer, Buffalos, Zophobas morio)
Tel./Fax 05208-1535
Mobil 0172-5212943
E-Mail m.i.d.@gmx.de

A. Reuther (halbreife Kolben- und Silberhirse)
D-74385 Pleidelsheim
Hauptstr. 105
Tel. 07144-24980, Fax -283868

Schwegler (Vogel- und Naturschutzprodukte)
Heinkelstr. 35
D-73614 Schorndorf
Tel. 07181-977450
Fax -9774549

Vitakraft Aufzuchtfutter – in Supermärkten und Zoogeschäften

Vogelfutter Claus
67117 Limburgerhof
Postfach 100
Tel. 06236-61036

Witte Molen Eifutter
Zoo-Winkler
96422 Coburg
Postfach
Tel. 09561-25888
Fax 201481
E-Mail: Bestellung@zoo-winkler.de

➤ Literatur

BANK, O. und A. KRUSCH: So baut man Teiche; Verlag Paul Parey, Hamburg und Berlin, 1973

BEZZEL, E.: Mein Hobby: Vögel beobachten; BLV Verlagsgesell-schaft, München, 1982

HARRISON, C.: Jungvögel, Eier und Nester; Verlag Paul Parey, Hamburg und Berlin, 1975

HOEHER, S.: Gelege der Vögel Mitteleuropas; Verlag J. Neumann-Neudamm, Melsungen, 1972

KABISCH, K. und J. HEMMERLING: Tümpel, Teiche und Weiher; Hannover, 1982

KEIL, W.: Artgerechte Niststätten für heimische Vögel; Falken-Verlag, Niedernhausen, 1991

LOHMANN, M.: Das Naturgarten-buch; BLV Verlagsgesellschaft, München, 1988

LOHMANN, M.: Der große ADAC-Ratgeber Garten: Naturgarten; ADAC Verlag, München, 1994

LOHMANN, M.: Vogelparadies Garten; BLV Verlagsgesellschaft, München, 1999

MAKATSCH, W.: Kein Ei gleicht dem andern; Verlag J. Neumann-Neudamm, Melsungen, 1967

MAKATSCH, W.: Die Eier der Vögel Europas – Eine Darstellung der Brutbiologie aller in Europa brü-tenden Vogelarten; Band 1 und 2; Verlag J. Neumann-Neudamm, Melsungen, 1974–76

NICOLAI, J.: Vogelhaltung – Vogel-pflege; Franckh'sche Verlags-handlung, Stuttgart, 1965

SACHS, W.B.: Praktische Tierpflege für Naturfreunde und Forscher; Franckh'sche Verlagshandlung, Stuttgart, 1952

USINGER, A.: Einheimische Säuge-tiere und Vögel in der Gefangen-schaft; Verlag Paul Parey, Ham-burg und Berlin, 1960

➤ Register

Die Deutsche Bibliothek –
CIP-Einheitsaufnahme

Ein Titeldatensatz für diese Publikation ist
bei Der Deutschen Bibliothek erhältlich

BLV Verlagsgesellschaft mbH
München Wien Zürich

80797 München

Das Werk einschließlich aller seiner Teile
ist urheberrechtlich geschützt. Jede
Verwertung außerhalb der engen Grenzen
des Urheberrechtsgesetzes ist ohne
Zustimmung des Verlages unzulässig und
strafbar. Das gilt insbesondere für
Vervielfältigungen, Übersetzungen,
Mikroverfilmungen und die Einspeicherung
und Verarbeitung in elektronischen Systemen.

© 2000 BLV Verlagsgesellschaft mbH, München

Einbandgestaltung: Studio Schübel, München
Umschlagfotos: Reinhard (Vorderseite groß, Grauschnäpper);
Vorderseite (klein von oben nach unten): Limbrunner (Waldkauz-
Ästling), Pforr (Gimpel-Gelege), Zeininger (Rauchschwalbe),
Pforr (junge Blaumeise); Rückseite: Trötschel (oben, Buchfink),
Pforr (unten, Haubentaucher)
Satz und Litho: Design-Typo-Print GmbH
Grafiken: Daniela Farnhammer
Lektorat: Dr. Friedrich Kögel
Herstellung: Hermann Maxant
Druck und Bindung: Appl, Wemding
Gedruckt auf chlorfrei gebleichtem Papier

Printed in Germany · ISBN 3-405-15847-8

Bildnachweis

M. Danegger: 1, 51o, 53o, 60o, 69o, 89o, 91o, 101ul
H.-J. Fünfstück: 12, 57l, 69ur, 70ur, 79Ml, 83o, 84u, 99u, 106ul
A. Limbrunner: 9, 11o, 20, 28, 38, 39, 49l, 50ur, 53u, 57o, 58o,
59o, 60ul, 63Mr, 64o, 73ul, 74r, 75u, 77u, 80u, 86o, 91u, 94o,
96o, 102ol, 104or, 105u, 106ur, 107Mr, 108o, 108u, 109u, 110u,
111u, 118ur
M. Lohmann: 15, 33
D. Nill: 56o, 56u
M. Pforr: 7, 10, 21, 30, 37, 43, 46, 48r, 49o, 54u, 60ur, 62o, 62r,
63o, 68o, 68u, 69ul, 70ul, 72u, 74ul, 82ul, 85o, 85u, 86ol, 87o,
88ul, 89u, 92u, 96ul, 97ur, 100u, 101ur, 103ur, 104ol, 110r, 112u,
116u, 118ul
G. Quedens: 18, 52o, 59u, 61o, 65o, 65u, 66o, 106o, 109o
H. Reinhard: 26, 27, 50o, 73o, 82o, 88ur, 93o, 101o, 110o
R. Schmidt: 35, 55or, 58r, 58u, 73Mr, 77o, 78o, 82ur, 83u, 87ur,
113u, 116o, 119o
G. Synatzschke: 17, 23, 42, 44, 51u, 52u, 63ul, 66u, 72o, 79u, 81u,
90ul, 94u, 98u, 102u, 103ul, 112o, 114r, 115u, 117u, 119u
E. Thielscher: 2/3, 6, 16o, 55Ml, 55ul, 55ur, 57u, 61u, 64ur, 71ur,
84o, 97o, 107ul, 114o
P. Trötschel: 48u, 71ol, 71or, 71ul, 79or, 81o, 86or, 90o, 96ur, 97ul,
100or, 111o, 117o
W. Willner: 32, 36, 48o, 49u, 113o
K. Wothe: 4, 13, 24, 45, 62u, 64ul, 67o, 67u, 70o, 90ur, 100ol,
102or, 118o
P. Zeininger: 11u, 16u, 50ul, 51Mr, 54o, 59l, 75o, 76, 78u, 80o,
87ul, 88o, 92o, 93u, 95o, 95u, 98o, 99o, 103o, 105o, 107o, 114u,
115o
P. Zeininger/Wendl: 74o

Foto   S. 1:   Dohle
       S. 2/3:   Wintergoldhähnchen

Vögel beobachten und bestimmen.

Michael Lohmann
Vogelparadies Garten
Vögel im Garten beobach-
ten und schützen: vogel-
gerechte Bepflanzung und
Pflege des Gartens, Bau
von Nistkästen und ande-
ren Nisthilfen, verletzte
oder elternlose Vögel pfle-
gen, Beobachtungstipps
und Porträts von 35
Vogelarten, die unsere
Gärten besuchen.

Michael Lohmann
Vögel am Futterhaus
Alle Vogelarten, die im
Winter Futterstellen in
Gärten und Parks besu-
chen: Merkmale,
Vorkommen, Biologie,
typisches Verhalten im
Winter und geeignetes
Futter.

Einhard Bezzel
Vögel beobachten
Das Praxisbuch für alle
Vogelfreunde: die heimi-
schen Arten beobachten
und schützen – mit vielen
Farbfotos, fundierten
Informationen und prak-
tischen Tipps.

Walther Thiede
Greifvögel und Eulen
Alle Arten, die in Mittel-
europa und in benachbarten
Naturräumen brüten oder
häufig vorkommen:
Merkmale, Nahrung,
Fortpflanzung, Gefährdung
und Schutz.

Chris Kightley / Steve
Madge / Dave Nurney
Taschenführer Vögel
Der umfassende, preiswerte
Führer: 386 Vogelarten mit
über 1500 Farbzeichnungen
und Informationen zu
Kennzeichen, Lebensraum,
Verhalten, Ruf, Gesang.

Andreas Schulze (Hrsg.)
Vogelstimmen-Trainer
Gesänge und Rufe der
175 häufigsten heimischen
Vögel auf CD – geordnet
nach den Lebensräumen
Häuser, Gärten, Grünan-
lagen · Feld und Flur · Wald ·
Gebirge · Binnengewässer ·
Meer.
Mit Begleitbuch: Kurz-
porträts in Bild und Text für
alle vorgestellten Arten.

---

*Im BLV Verlag finden Sie
Bücher zu den Themen:*   Garten und Zimmerpflanzen • Natur • Heimtiere • Jagd und Angeln • Pferde
und Reiten • Sport und Fitness • Wandern und Alpinismus • Essen und Trinken

Ausführliche Informationen erhalten Sie bei:

**BLV Verlagsgesellschaft mbH • Postfach 40 03 20 • 80703 München
Tel. 089 / 127 05-0 • Fax 089 / 127 05-543 • http://www.blv.de**